나답게 살면서 행복해지기

나답게
살면서

행복해지기

다나다 가츠히코 지음 ———— 성백희 옮김

전나무숲

행복을 가로막는
7가지 심리적 장애물

1 '이대로의 나는 안 돼'라고
느낀다

2 '내가 옳아'라고
맹목적으로 믿는다

5 내키지 않지만
마지못해 한다

6 결정하지 못하고
행동하지 못한다

3 '내 탓이 아냐'라고
생각한다

4 '이건 이래야 해'라고
고집한다

7 '나는 이것밖에 안 되는 인간이야'
라며 단념한다

이 7가지 중 당신에게 해당하는 것이 하나라도 있습니까?
"인생이 내 생각대로 풀리지 않아", "막다른 곳에 갇힌 것만 같아"라고 말하는 사람들의
마음을 들여다보면, 그 안에는 '마음의 장애'라는 공통점이 존재합니다.
당신의 행복을 가로막는 '7가지 심리적 장애물'이 그것입니다.
이 심리적 장애물들을 없애고 이상적인 인생을 손에 넣으려면 이 책에서 제안하는
잠재의식을 활용하는 '7가지 행복법칙'을 제대로 이해하고 실천하는 일이 필수적입니다.
자, 당신도 잠재의식의 법칙을 구사해서 '최고의 나'를 이끌어내어
성공과 행복을 끌어당깁시다!

잠재의식을 내 편으로 만들면 어떤 꿈이든 이루어진다!

당신은 자신이 지닌 잠재능력을 최대한으로 발휘하고 있는가?

많은 사람들이 '더 성공했으면…', '더 행복해졌으면…' 하고 바라면서 매일 시간에 쫓기며 바쁘게 열심히 살고 있다. 또 할 수만 있다면 좀더 자신감을 갖고 "나다운 삶, 활기찬 인생을 살았으면' 하고 바란다. 하지만 대부분의 사람들이 그렇게 살지 못하는 것이 현실이다. 오히려 "왜 세상은 내 맘대로 살아지지 않지?", "열심히 사는데 왜 만날 이 모양이야?"라고 좌절하며 때로는 삶의 의지를 상실하기도 한다.

이는 대부분의 사람들이 나름의 이유로 자신이 가진 잠재능력을 제대로 끌어내지 못하기 때문이다. 자신의 능력을 반도 활용하지 못한다. 아니, 반은커녕 10%도 제대로 발휘하지 못하고 있다. 그 결과 열심히 노력했는데도 자신이 바라는 인생을 사는 것이 생각만큼 쉽지 않다.

그러면 사람들이 자신이 지닌 잠재능력을 제대로 발휘하지 못하는 이유는 무엇일까?

다른 사람이 방해해서?

운이 없어서?

학력이 모자라서?

돈이 없어서?

집중력이나 인내력, 강한 의지력이 부족해서?

아니, 다 틀렸다. 자신의 잠재능력이 최대한도로 발휘되지 못하게 방해하는 원인은 당신의 주위 환경이나 주변 사람들에 있지 않다. 당신에게 능력이 부족하기 때문도 아니다. 진정한 이유는 당신이 잠재의식의 올바른 사용법을 모른다는 데 있다.

잠재의식이란 누구나가 공통적으로 가지고 있는 마음의 작용 중 하나다. 보통 그 존재를 자각할 일은 없지만, 우리 마음의 작용 중 약 90%를 지배한다. 잠재의식은 우리가 무의식 속에 지닌 마음의 버릇으로, 사물을 보는 시각이나 사고방식, 신념 및 가치관, 목표, 한계, 그리고 행동유형(습관, 버릇) 등을 조절한다. 이러한 잠재의식이 작용하는 방식의 차이가 사람들 각자의 인생에 차이를 만들어낸다.

잠재의식의 사용법이 잘못되면 자신이 지닌 능력을 충분히 발휘하지 못한다. 예를 들어 '결단을 내리지 못한다', '집중력이 지속되지 않는다', '인내력이 없다', '의지력이 부족하다'와 같은 증상은 잠재의식의 잘못된 사용법에 원인이 있다.

현재의 자신이 느끼는 제한이나 한계를 돌파해서 원래 지닌 잠재능력을 최대한 발휘하길 원하는가? 그를 위해서는 잠재의식의 구조와 작용에 대한 올바른 이해와 실천이 필수적이다.

만약 당신이 아직 사용하지 못하는 잠재능력을 지금보다 조금이라도 더 발휘할 수 있다면 당신의 인생은 반드시 달라진다. 나아가 만약 잠재능력을 최대한도로 이끌어낼 수 있다면 당신의 인생은 획기적으로 변화할 것임이 분명하다.

사람은 누구나 아직 사용되지 않은 능력과 가능성을 가득 품고 있다. 그리고 그 힘을 해방할 수 있다면 어떤 꿈이나 목표도 실현할 수 있다!

이 책에 당신이 자신의 잠재능력을 최대한으로 발휘해서 곤란한 고민이나 문제를 해결하고, 빛나는 성공과 충실하고 행복한 인생을 내 손으로 만들어내는 데 필요한 '잠재의식을 활용하는 7가지 행복법칙'에 관하여 써놓았다.

어떻게 하면 바라던 사람이 되어, 하고 싶은 일에 도전할 수 있는 사람으로 바뀔 수 있을까?

어떻게 하면 자신이 바라는 대로 인생을 살 수 있을까?

어떻게 하면 자신이 지닌 잠재능력을 최대한 발휘해서, 그 결과 최고의 자신으로서 최고의 인생을 살 수 있을까?

그 물음들에 대한 해답을 지금부터 하나씩 알려주겠다.

다나다 가츠히코

부정적 셀프이미지를 떨쳐내고 '본래의 나'를 받아들인다

선택을 제한하는 신념을 버리고 '진정한 나'로 성장한다

행복법칙 둘

모든 원인의 99%는 '내 안에 있음'을 받아들인다

행복법칙 셋

행복법칙
넷

'가능한 일'과 '불가능한 일'을 구분해 변화를 가볍게 받아들인다

행복법칙
다섯

'내 의지'로 선택했음을 인정하고 열정적으로 산다

행복법칙 여섯

강한 결단과 행동력으로
실패에 대한 두려움을 몰아낸다

승자의 마음으로
빛나는 인생을 살아간다

행복법칙 **일곱**

변화 속에서도 '나다움'을 잃지 않을
마법의 주문 205

부록

행복법칙, 하나

부정적 셀프이미지를 떨쳐내고 '본래의 나'를 받아들인다

떨쳐내야 할 당신의 속마음 1 〉〉〉

"나는 안 돼!"

하던 일에서 실패할 조짐이 보일 때,

누군가 나의 단점을 지적할 때, "나는 안 돼!"

우리는 흔히 이렇게 생각하고 그 자리에 주저앉는다.

하지만 자신의 처지를 비관할수록

자신이 본래 지닌 능력이나 가능성이 제대로 발휘되지 않고,

큰 꿈이나 목표에서 멀어질 수밖에 없다.

부정적인 생각의 악순환에서 벗어나려면

'나는 안 된다' 라는 부정적 생각과 결별하고

'있는 그대로의 나'를 인정하고 받아들여야 한다.

마음이
채워지지 않는
이유

살아가는 방식에 따라 사람들을 두 부류로 나눌 수 있다. 보석, 액세서리, 고급 차, 지위, 명예, 남들의 평가 등 겉으로 보이는 모습을 한없이 꾸미면서 사는 사람이 있는가 하면, 남들의 눈에 더 멋진 사람으로 보이면 좋겠지만 지금의 형편에 만족하면서 살아가는 사람이 있다.

이들이 느끼는 만족감의 차이는 어디에서 비롯된 것일까? 그 차이는 소유한 돈이나 고급 물품, 사회적 지위의 고하에 그 원인이 있지 않다. 물질적으로 이미 충분히 가진 사람들이 "아직 부족해", "더 필요해"라며 악착같이 부(富)에 집착하는가 하면, 객관적으로 봤을 때 물질적으로 유복하지 않은 형편이 분명한데도 "나는 이미 충분히 많이 가졌어"라며 오히려 나누며 사는 사람들도 있다. 이 같은 차이는 겉이 아닌 안, 즉 '셀프이미지'의 차이에서 기인한다.

셀프이미지란 '나는 이런 사람이다'라는 잠재의식이 만들어 낸 자신에 대한 생각이다. 다시 말해, 마음속에서 무의식적으로 그리는 자기의 이미지가 그 사람의 셀프이미지다. 두 부류의 사람들 중에서 항상 부족함을 느끼며 살아가는 쪽은 부정적인 셀프이미지를 지닌 사람, 즉 자기 평가가 낮은 사람들이다.

잠재의식과 셀프이미지의 위력

셀프이미지를 만들어내는 잠재의식은 누구에게나 있는 마음 작용 중 하나다. 보통 그 존재를 자각할 일은 없지만 마음 작용 중 약 90%를 지배하면서 사물을 보는 시각이나 사고방식, 신념 및 가치관, 목표, 한계, 행동유형(습관·버릇) 등을 조절한다. 재벌, 평범한 사람, 하루 밥벌이로 근근히 사는 사람 등 사는 모습이 제각기 다른 것도 모두 잠재의식과 관련이 있다.

우리가 잠재의식을 신경 써야 하는 이유는 잠재의식은 자기 주인의 특성을 너무나 잘 알고 있으며, 자신이 진정 원하는 방향으로 살면 성공에 필요한 힘을 무한정 제공하기 때문이다.

예를 들어 당신의 잠재의식은 당신이 진심으로 원하는 게 무엇인지, 어떤 사람이 되고 싶은지, 어떤 생각으로 상황에 대처하고 있는지, 주변 사람들을 어떻게 바라보는지를 너무나 잘 알고 있다. 그래서 당신이 살아가야 할 방향을 지속적으로 속삭이는데, 당신이 그 소리를 듣지 못하거나 무시한 채 다른 방향으로 살려고 하면 당신의 잠재의식은 잠재된 능력과 가능성의 발현을 더 이상 돕지 않는다. 그렇게 되면 결국 자신의 능력을 충분히 발휘하지도 못한 채 무능력한 사람으로 전락할 가능성이 커지는 것이다. 무능력의 대표적인 증상인 '결단을 내리지 못한다', '집중력이 지속되지 않는다', '인내력이 없다', '의지력이 부족하다'가 모두 잠재의식을 잘못 사용해서 생긴 결과들이다.

하지만 잠재의식의 목소리에 귀를 기울이면 잠재의식의 지원을 아낌없이 받으면서 원하는 인생을 살아갈 수 있다.

　여기에 '나는 이런 사람이다'라는 셀프이미지가 가세하면 삶에 대한 심리적 만족감의 정도가 결정된다. 즉 자신의 분야에서 성공하거나, 정당한 방법으로 돈·지위·명예·평판·권력 등 물질적 재산을 모두 손에 넣었다 해도 셀프이미지가 부정적이면 만족감은커녕 끝없이 공허감을 느끼면서 더 좋은 물적 재산을 얻기 위해 발버둥친다. 부정적인 셀프이미지는 자신의 가치를 한없이 폄하해 이미 훌륭한 성과를 냈음에도 '지금으로는 부족해'라고 단정 짓는 나쁜 재주가 있기 때문이다. 다른 사람들 눈에는 특별히 뒤처지는 구석이 없고, 충분히 성공하고 행복한 듯 보이는데 자기혐오에 빠져 있는 사람들이 대표적인 예다.

　또한 '나는 안 돼'라고 자신의 상황을 비관적으로 받아들이면 목표를 달성하는 일 자체가 어려워진다. 왜냐하면 우리는 무의식중에 셀프이미지와 일치된 시각이나 사고, 행동을 선택하는데, 비관적인 생각으로 인해 잠재된 능력이나 가능성의 발휘가 제한되기 때문이다.

셀프이미지가 낮은 사람

이달의 매출

현실

셀프이미지가 현실을 만든다

원하는 인생을 살기 위해 해야 할 결심

이처럼 셀프이미지는 자동차 내비게이션 시스템에 입력된 목적지와 같은 역할을 한다. 이때의 조종자는 잠재의식이다. 예를 들어, 부정적인 셀프이미지를 지니고 있으면 잠재의식의 지원이 없어 아무리 고도의 지식이나 기술을 익혔다 해도 좀처럼 그 능력을 발휘하지 못한다. 설사 좋은 결과가 나왔다 해도 '이건 내 능력이 아냐. 운이 좋았던 거야'라고 단정해버린다. "대단하시네요"라고 다른 사람들이 칭찬을 해도 "아뇨, 그렇지 않습니다. 우연인걸요"라며 유능한 자신의 모습을 애써 부정한다. 이런 식으로 자신이 품은 부정적인 셀프이미지의 내용이 옳다고 온몸으로 증명하려 한다.

지금 느끼는 한계와 혼란을 극복하고 잠재력을 충분히 발휘해 성공과 행복을 모두 얻길 원한다면 더더욱 잠재의식의 목소리에 귀를 기울이고 긍정적인 셀프이미지를 가지겠다는 결심을 단단히 굳혀야 한다. 정말 그렇게만 된다면 당신의 인생은 획기적으로 달라질 것이다.

문득 궁금해진다. 이 책을 읽고 있는 당신은 어떤 부류에 속

할까? 끝없는 물질적 욕심에 계속 물질을 모으는 데 집착하는 사람? 지금의 모습에 만족하는 사람?

또 궁금해진다. 당신이 이제껏 품고 살아온 셀프이미지는 어떤 모습일까?

다음의 문항은 부정적 셀프이미지를 지닌 사람들이 흔히 마음에 품고 있는 생각과 태도들이다. 당신에게 해당하는 문항이 얼마나 되는지 체크하면서 자신의 현재 모습을 들여다보길 바란다.

■■ 부정적 셀프이미지가 만들어내는 생각들

☐ 나는 아무런 가치가 없는 인간이다.

☐ 나는 행복한 인생을 살 가치가 없는 인간이다.

☐ 나는 남들의 사랑받을 만한 인간이 못 된다.

☐ 나는 덜떨어진 인간이다.

☐ 나는 남들보다 못났다.

☐ 나는 도움이 안 되는 인간이다.

☐ 내 성격은 어디에도 쓸모없다.

☐ 나는 강하지 못해서 문제다.

☐ 나는 적극적이지 않아서 항상 결과가 좋지 못하다.

- [ ] 나는 겁이 많아서 쓸모없다.
- [ ] 나는 게을러서 쓸모없다.
- [ ] 나는 학력이 모자라서 쓸모없다.
- [ ] 나는 머리가 나빠서 쓸모없다.
- [ ] 나는 가정교육이 나빠서 쓸모없다.
- [ ] 나는 몸이 약해서 쓸모없다.
- [ ] 나는 철이 덜 들었다.
- [ ] 나는 나이가 너무 많다.
- [ ] 나는 여자라서 쓸모없다.
- [ ] 나는 매력적인 인간이 아니다.
- [ ] 나는 코, 입, 얼굴이 너무 크다.
- [ ] 나는 가슴, 키, 눈이 너무 작다.

■■ 부정적 셀프이미지에서 비롯된 태도들

- [ ] 주변 사람을 압도하려고 자기 자랑을 늘어놓는다.
- [ ] 자신의 약점을 숨기기 위해 공격성을 드러내며 상대에게 겁을 준다.
- [ ] 내가 뛰어나다고 믿게끔 타인을 무시하거나 비판한다.

- [ ] 사실을 과장해서 실제보다 크고 멋지게 보이려 한다.

- [ ] 틀렸다고 인정하는 것은 자신의 약점을 드러내는 일이라 생각해 '항상 옳은 쪽은 나여야 한다'고 생각한다.

- [ ] 이상할 정도로 지기 싫어하고 자신의 패배를 인정하지 않는다.

- [ ] 사람들의 주의를 끌고 싶어하고, 그 중심에 서기 위해 필사적이다.

- [ ] 남에게 인정받고 싶다는 욕구가 강하다.

- [ ] 주위의 평가로 자신의 가치를 결정한다.

- [ ] 누군가에게 도움이 되어야만 비로소 남들의 인정을 받을 수 있다고 생각해 업무 등에 과도하게 집중한다.

- [ ] 누구에게나 '좋은 사람'이어야 한다는 생각에 남들의 부탁을 거절하지 못한다.

- [ ] 자기 책임이 아닌 일까지 떠맡아서 열심히 한다.

- [ ] 자신을 희생하면서까지 타인을 기쁘게 하려고 한다.

- [ ] 잘못을 저지르거나 주위의 존경을 잃는 것을 극도로 두려워한 나머지 신경질적이 되고 결단을 내리지 못한다.

- [ ] 사람들의 지지를 얻기 위해 타인에게 필사적으로 영합한다.

☐ 본래의 자신은 남들에게 인정받을 수 없다고 생각한다.

☐ 자신을 별로 좋아하지 않고 스스로에게 엄격하다.

☐ 유명인의 이름을 자기 친구인 양 떠벌리고 다닌다.

현실을 살아가는
우리는
모두 '연기자'

　　셀프이미지가 부정적인 사람은 '지금의 나는 불완전하며 불충분한 존재다'라고 느끼며 산다. 그래서 항상 '다음엔 무엇을 가질까?', '다음엔 무엇을 할까?', '다음엔 어떻게 될까?'와 같은 생각을 하고 있다.

　　이런 사람들의 공통점은 자신에 대한 평가가 낮아 열등감이나 자기혐오감으로 남몰래 괴로워하는 일이 많다는 것이다. 그리고 이런 괴로움을 해소할 방법으로 부, 지위, 학력, 체력, 인맥 같

이대로의 나도
괜찮아!

이렇게 차려 입었는데도
여전히 자신이 없어…

셀프이미지가 긍정적인 사람

셀프이미지가 부정적인 사람

은 외적인 우위성을 과시하는 방법을 택한다. 화려한 외적 조건을 통해 자신이 생각하는 것만큼 자기 자신의 가치가 낮지 않음을 주위 사람들에게 증명하려고 하는 것이다. 값비싼 보석이나 액세서리를 몸에 걸치고 화려한 옷을 입거나 고급 차를 타는 사람일수록 셀프이미지가 빈곤한 것은 여기에 원인이 있다.

하지만 아무리 겉모습을 치장하고 각종 명품 제품으로 집안을 꾸며도 스스로 자기 자신에 대해 좋은 이미지를 가지지 못한다면 결코 자신에게 만족하지 못한다. 잠재의식은 그러한 주인의 마음을 잘 알고 있다. 그래서 셀프이미지가 부정적인 사람일수록 그 어떤 것으로도 채워지지 않는 공허함 때문에 '아직 모자라다', '더 많이 필요하다'라고 느끼면서 하루하루를 살아간다. 국산 차보다는 벤츠, 벤츠보다는 페라리, 페라리보다 더 좋은 차를 원하는 욕망이 끝없이 이어지는 것이 단적인 예다.

부정적인 셀프이미지나 열등감, 낮은 자기 평가는 실패를 경험할 때마다 강화된다. 하지만 많은 사람들이 자신의 부정적인 셀프이미지나 열등감을 타인이 알아채지 못하도록 연기하며 살고 있다. 당신도 혹 "나는 아무 문제없다", "나는 괜찮다"라고 말은 하면서 공허한 마음을 끌어안고 있지는 않은가.

남을 의식하며
살게 된 이유

많은 사람들이 '남들이 나에 대해 어떻게 말하고 어떤 식으로 생각하느냐'를 기준으로 자신의 가치나 인격, 즉 '나는 이런 사람이다'라는 셀프이미지를 결정한다. 이처럼 남의 평가에 의존해 자신의 가치를 결정하는 마음의 이면에는 부정적인 셀프이미지를 필사적으로 숨기려는 의도가 숨어 있다.

남의 평가에 대한 민감성은 자신을 발전시키고 성장시키는데 도움이 되지만, 정도가 심하면 남의 평가가 걱정돼서 마음 편히 행동할 수 없게 되고 '실수를 하면 안 돼', '남의 기대에 부응해야 해'라는 심리적 압박감 때문에 자신이 원하는 게 무엇인지를 잊게 만든다. 또한 '보여주기 위한 나'를 치장하느라 '본래의 나', '진정한 나'를 인식하지 못하게 된다. 그와 동시에 인생을 살아가는 기쁨이나 열정 역시 잃어버린다.

이렇게 살다 보면 인생의 목적조차 '남들 보기에 옳은 삶을 살아가는 것'으로 바뀌게 된다. '남들이 어떻게 생각할까'가 인생을 살아가는 최대의 목표가 돼버리는 것이다.

가장 큰 걸림돌은 열등감

'내가 정말 하고 싶은 일은 이것이다'라는 잠재의식의 목소리를 무시하고 '나다움'도 버려가면서 남들 눈에 옳아 보이는 삶을 사는 이유는 무엇일까? 그것은 자신에 대한 열등감과, '내 생각을 그대로 말하거나 하고 싶은 일을 했다가 남들이 거부하지는 않을까? 미움을 받지는 않을까?'라는 두려움 때문이다.

눈을 감고 당신의 마음을 들여다보자. '언제나 부족하다',

'더 필요하다', '달라지고 싶다'라고 생각하는 당신은 사실 자기 자신을 별로 좋아하지 않기 때문에, 다시 말해 본래의 자신이 싫어서 '달라지고 싶다'라고 생각하는 것은 아닌가. 그래서 부정적인 셀프이미지를 숨기는 데 너무 많은 시간과 에너지를 낭비하고 있지는 않은가.

'나는 안 된다'라는 부정적인 셀프이미지를 버려야 목표를 달성해서 성공을 손에 쥐고 행복한 인생을 살 수 있다는 진실을 마음에 새겨야 한다.

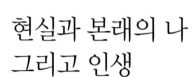

현실과 본래의 나
그리고 인생

왜 우리는 부정적인 셀프이미지를 갖게 되는 걸까?

태어날 때부터 '내가 별로 마음에 안 든다' 라고 느끼는 갓난아기는 없다. 갓난아기는 남들의 시선과 평가를 걱정하지도 않는다. 또한 웃고 싶을 때 웃고, 울고 싶을 때 울고, 배가 고프면 밤낮을 가리지 않고 한밤중에라도 우유를 달라고 보챈다. 원하는 것이 있으면 바로 요구하고, 필요 없으면 그 자리에서 거부한다. 그리고 뭔가 마음에 안 드는 일이 있으면 울거나 떼를 써서 주위 어른들에게 곧장 자신의 기분을 알린다. 그런 식으로 갓난아기는 '본래의 나'를 드러낸 상태에서 자신이 원하는 대로 자기다운 인생을 산다.

솔직함이 사라지는 순간

그러던 아기가 어린아이로 성장하면서 점차 자기다운 인생에서 멀어진다. 즉 부모가 기뻐하는 일, 남들 앞에서 해도 좋은 일과 하지 말아야 할 일을 구별하는 법 등을 학습하게 되면서 차츰 주변 상황에 맞춰서 말을 하고 행동을 하게 된다.

또한 뭔가 잘못을 저질렀을 때 어른이나 친구에게 혼나거나 미움 받고, 하지 말아야 한다는 압력을 받으면서 '머릿속 생각을 있는 그대로 입에 담거나 하고 싶은 일을 곧이곧대로 했다간 주변 사람들의 인정을 받지 못한다'라는 세상살이의 원리를 배우게 된다. 그 결과 '남들 앞에서 있는 그대로의 나를 내보이면 인정받지 못한다', '이대로의 나는 안 된다'라는 부정적인 셀프이미지를 무의식중에 잠재의식에 새기게 된다.

그렇게 어른이 되고 나서는 자신의 꿈이나 희망, 목표, 사고, 감정 등을 그대로 솔직하게 표현하면 때로 타인을 불쾌하게 만들 수 있다는 사실을 배우고, 그런 위험한 상황을 피하기 위한 기술을 몸에 익힌다. 또한 주변 사람들에게 칭찬받고, 그들을 기쁘게 하고 인정받기 위한 행동을 반복하는 동안 남들에게 받아들여질 수 있는 '보이기 위한 나'를 만들어낸다. '보이기 위한 나'는 하고 싶은 말을 해서는 안 된다는 생각에 마음에도 없는 말을 하거나, 세상의 상식에 맞춘 행동으로 자신의 몸과 마음의 안전을 확보한다. 그 결과 '보이기 위한 나'와 '본래의 나', 즉 현재의식(顯在意識)과 잠재의식 사이에서 조금씩 갈등이 자라나기 시작한다.

'보이기 위한 나'를 만들려면 '본래의 나'를 무시하고 잠재의식을 억눌러야 한다. 자신의 안전과, 세상을 살아갈 얼굴을 얻고, 그 대가로 잠재의식은 점점 힘을 잃고, 그 주인은 본래 지니고 있던 열정이나 살아가는 기쁨을 상실한다. 그뿐만이 아니다. '사실은 이렇게 하고 싶었는데…', '정말 하기 싫은데…' 같은 잠재의식이 보내는 목소리를 무시하고 '본래의 나'를 감추고 살아가다 보면 끊임없는 갈등과 커다란 고통, 욕구 불만이 따라온다. 하

'본래의 나'에서 '보이기 위한 나'로 바뀌는 과정

지만 스스로 잠재의식의 목소리에 귀를 기울이지 않는 한 이 같은 '보이기 위한 나'를 만드는 과정은 평생 계속된다.

그렇다고 해서 당신의 안전을 지켜주는 '보이기 위한 나'의 단단한 껍질을 없애버린다면 사람들 앞에서 잘못을 저질러서 창피를 당할 위험이나, 남과 다른 행동 때문에 주변 사람들의 인정을 받지 못할 위험이 뒤따른다. 어느 쪽이건 모두가 만족하는 100퍼센트 안전한 방법은 존재하지 않는다.

'본래의 나'를 드러낼 때의 이익과 위험

여기, 한 가지 확실한 사실이 있다.

만약 당신이 행복하고 알찬 인생을 살고 싶다면 '보이기 위한 나'란 껍질을 벗어버리고 '본래의 나'를 드러내고 그에 따르는 위험을 감수해야 한다는 것이다. 그렇게 하면 당신의 잠재의식은 한때 잃어버렸던 힘을 되찾을 수 있다. 단, 안전은 보장하지 못한다.

어쩌면 당신의 발언이나 행동은 주변 사람들에게 선뜻 받아들여지지 않을 수도 있다. '본래의 나'가 주변 사람들에게 인정받으리란 보장도 없다. 하지만 그 위험을 감수하는 대가로 어릴 적에 잃어버린 자유와 힘, 그리고 살아가는 기쁨과 열정을 자신의 손으로 되찾을 수 있다.

당신은 어느 쪽을 선택하겠는가?

내 인생의
최종 책임자는
바로 '나'

남들 눈에 옳아 보이는 삶을 살려고 하는 배경에는 '만약 다른 사람이 봐서 잘못된 일이거나 기대에 어긋난 일을 했다가 내 가치가 부정당하지 않을까?' 라는 두려움이 있다. 하지만 당신의 가치를 부정할 수 있는 사람은 당신뿐이다!

타인에게 거절당했을 때 자신의 가치가 부정당했다고 느끼고 상처받는 이유는 당신의 마음속에 '나는 가치 없는 인간이 아닐까?' 라는 부정적인 생각이 있기 때문이다. 만약 당신이 그렇게 생각하지 않는다면 아무도 당신의 가치를 부정하지 못한다. 또 당신의 가치를 인정하고 그것을 받아들이는 것 역시 당신만이 할 수 있다. 궁극적으로 당신의 가치를 인정하는 것도 부정하는 것도 모두 당신만이 할 수 있다!

자신의 의견을 주장하지도 남의 의견에 반박하지도 않고 무조건 남의 의견이나 사고방식에 맞추는 사람들은 주변 사람의 눈에 '좋은 사람'으로 비친다. 그러나 남이 보기에 옳은 삶을 사는 것, 타인의 평가를 신경 쓰는 것은 잘 생각해보면 타인에게 내 삶의 방식을 결정해달라고 의지하는 어린애와 같은 태도다. 인생을 스스로 책임지며 살지 못하기 때문에 자신을 평가하지도 못한 채 남의 시선에 자신의 인생을 맡기는 것이다. 게다가 남들의 비난이 두려워서 모든 결정을 남에게 의지해버린다. 상대가 나를 받아들일지 여부에만 전전긍긍하며, 언제나 그 일로 불안해하며 점점 더 상대에게 의존하게 된다. 남에게 의존하면 할수록 그 사람의 말과 행동에 상처받는 일도 잦아진다.

누군가에게 의지하며 살아가면 자기 인생에 대한 그 어떤 예측도 할 수 없으며, 매순간 갈등과 불안감으로 가득 차게 된다.

잠재의식의 힘을 최대한 끌어내는 2가지 결단

인생을 자기 의지로 살아가고, 잠재의식이 지닌 힘을 최대한 으로 끌어내기 위해서는 다음의 두 가지 결단이 필요하다.

- 자기혐오, 자기부정 같은 모든 부정적인 자기 평가를 단호하게 그만둔다.
- 남의 동의를 얻고, 칭찬받고, 인정받고 싶은 욕구를 모조리 버 린다.

여기서 중요한 점은 단호해야 한다는 것이다. 다시 말해, '이후로 결코, 무슨 일이 있어도 절대로 하지 않는다' 라고 마음 속으로 강하게 결심해야 한다.

'절대로 ~한다' 같은 강한 결단과 '~라면 좋겠는데' 같은 단순한 소망은 하늘과 땅 차이다. 지금 이 자리에서 필요한 것은 이것 이외의 선택은 절대 받아들이지 않겠다는 단호한 결단이다.

이 두 가지를 실행하려면 먼저 '남들이 인정하지 않을지도 몰라', '남들에게 거절당할지도 몰라'와 같은 불안감을 이겨내야 한다.

당신의 가치를 인정하고 평가할 수 있는 사람은 당신 자신밖에 없다. 다른 사람들이 뭐라 하든, 자신의 가치를 최종적으로 평가할 수 있는 최고 책임자는 '나 말고는 없다'는 사실을 절대 잊지 말자.

잠재의식의
목소리에
귀를 기울일 때

만약 당신이 인생에서 벽에 부딪혔다고 느낀다면 그것은 '남들의 평가를 바탕으로 셀프이미지를 만드는 일을 그만둘 때가 왔다'라는 신호다. "내가 정말로 원하는 것은 어떤 인생일까?"라고 가슴에 손을 얹고 물어보고 잠재의식의 목소리에 귀를 기울여보자.

사람은 누구나 마음속 어딘가에 '꿈'이나 '이상적인 인생상'을 품고 있다. 이미 어른이 된 지 몇 년이 지났는데도 여전히 부모가 어찌 생각할까만을 걱정하고 있다면 당신의 인생을 책임지는 사람은 당신이 아니라 당신의 부모인 셈이다. 만약 그런 식으로 부모의 기대에 맞춰서 살아왔는데 제대로 일이 풀리지 않는다면 당신은 부모를 원망할지도 모른다.

당신이 인생의 책임을 부모를 비롯한 남에게 돌리는 한 잠재의식은 결코 당신이 행복해지는 데 필요한 능력을 지원하지 않는다. 설사 당신의 부모라 하더라도 당신의 인생을 대신 살아줄 수는 없다. 당신이 누군가 다른 사람의 인생을 대신 살아주는 일도 불가능하다. 친한 친구가 진심 어린 충고를 한다 해도, 역시 당신의 인생을 살 수 있는 사람은 당신밖에 없다는 사실을 잊어서는 안 된다.

부 정 적 셀 프 이 미 지 의 악 순 환 에 서
빠 져 나 오 기

부정적인 셀프이미지의 악순환에서 빠져나와 걱정 없는 인생을
살려면 '나는 안 된다'라는 부정적인 셀프이미지와 결별하고,
'있는 본래의 나'를 인정하고 받아들여야 한다.

- 나는 완벽한 인간이 아니다. 좋은 점도 있고 나쁜 점도 있다.
  하지만 이 모든 것을 한데 묶은 것이 '본래의 나'이고 '진정
  한 나'다!
- '본래의 나'로서 내 인생의 주인이 되어 살아가자!

'본래의 나'를 인정하고, 장점과 단점을 모두 합쳐서 통째로 받
아들일 수 있게 된다면 세상에 겁날 일은 아무것도 없다. 게다
가 남들의 평가에 일희일비하는 일 없이 '본래의 나'로서 당신
만의 개성 있고 행복한 인생을 살아갈 수 있다.

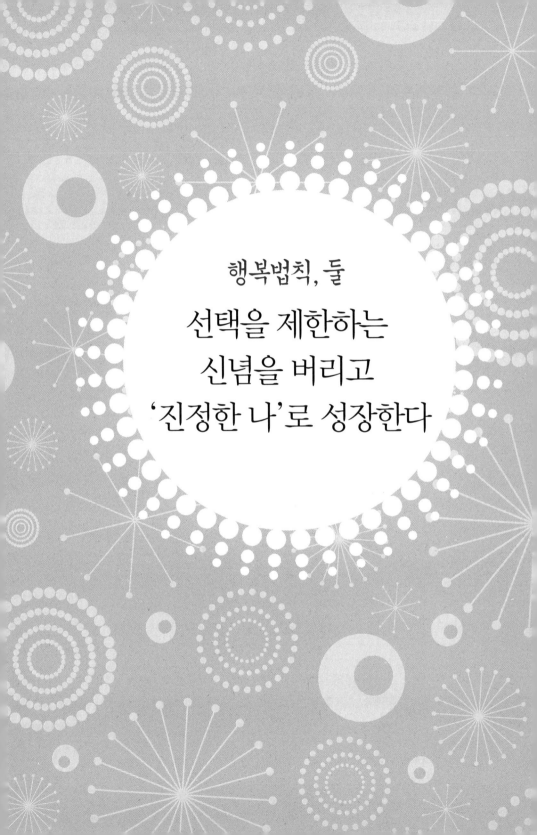

행복법칙, 둘

선택을 제한하는
신념을 버리고
'진정한 나'로 성장한다

떨쳐내야 할 당신의 속마음 2 >>>

"내가 무조건 옳아!"

당신을 성공과 행복에서

멀어지게 만드는 범인의 정체,

그것은 당신 안에 있는

'내가 무조건 옳아' 라는

신념일지도 모른다.

산더미처럼 쌓인 고민과 갈등, 문제에서 빠져나와

원하는 인생을 손에 넣으려면

당신의 자유로운 선택을 방해하는

고정된 신념을 버릴 필요가 있다.

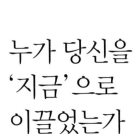

누가 당신을
'지금'으로
이끌었는가

사람들과 이야기를 나누다 보면 '현재의 삶에 만족하는 사람이 과연 몇이나 될까?' 하는 궁금증이 생긴다. 더불어 '왜 이런 후회를 하게 되는 걸까?' 하는 의문도 생겨난다.

당신은 어떠한가? 당신이 '지금'의 삶에 만족하지 못한다면, 그 원인은 무엇일까? 같은 잘못을 반복하고 걱정거리만 한가득인 자신이 싫다면, 도대체 왜 이렇게 돼버렸는지 생각해본 적은 있는가? 이 모든 의문에 대한 정답은 '선택'이다. 즉 '지금'

의 원인은 당신이 이제껏 해온 '선택'에 있다.

　이상하게도 우리는 스스로 걱정거리나 문제를 만들어내고, 자신을 불행하게 만드는 선택을 하기도 한다. 이 말에 당신은 반박하고 싶어질지도 모른다.

　"일부러 걱정거리나 문제를 만들어내고, 불행할 것이 뻔한 인생을 선택하는 사람이 어디 있어요?"

　참으로 옳은 말이다. 당신의 말처럼 고통이 따르는 인생을 '의식적으로(일부러)' 선택하는 사람은 없다. 하지만 바라지 않는 인생을 '무의식적으로' 선택하는 사람은 무수히 많다. 많은 사람들이 그렇듯이, 당신 역시 자신이 해온 무수한 선택을 의식하지 못하는지도 모른다. 만약 빛나는 성공이나 행복을 손에 넣고 원하는 인생을 살고 싶다면 먼저 지금껏 당신이 '무의식적으로' 저질러온 잘못된 선택이 무엇인지를 깨달아야 한다. 그리고 당신을 잘못된 선택으로 이끈 원인을 찾아내 앞으로 당신이 원하는 인생을 손에 넣는 데 필요한 더 나은 선택을 해야 한다.

　그렇다면 '되고 싶은 나'와 '원하는 인생'에서 멀어지는 선택을 하도록 당신을 이끈 범인의 정체는 무엇일까? 그것은 잠재의식 속에 새겨진 '신념(belief)'이다.

자신을
불행하게 만드는
'신념'의 정체

신념이란 '믿음', '신조', '소신'이란 말로 대체될 수 있지만, 우리가 의식적 혹은 무의식적으로 옳다고 믿는 '확신'이 의미상으로 더 정확한 대체어라 할 수 있다. 당신이 옳다고 믿는 것이 당신의 신념이며, 그 신념은 당신에게는 곧 진실이다.

예를 들어, 건강을 해칠 정도로 무리하게 일을 하는 사람은 '남보다 유능한 나는 가치 있는 인간이지만, 본래의 나는 아무런 가치가 없는 평범한 인간이다'라는 신념을 지닌 경우가 많다. 또

폭력을 휘두르는 남성만 골라 사귀는 여성은 '난 행복해질 자격이 없어', '희생이 나의 존재 이유야' 같은 신념을 가지고 있기도 하다.

몇 번씩 같은 실수를 해서 후회를 반복하는 것, 어떤 결과를 가져올지 뻔히 알면서도 자신을 불행하게 만드는 선택을 거듭하는 것은 잠재의식 속 신념에서 비롯된다. 그리고 그 신념은 당신의 가능성과 능력을 억누르고 있다.

신념이 일으키는 곤란한 행동들

다음에 제시하는 항목들을 찬찬히 읽어보자. 그 내용은 당신의 잠재의식 속 신념이 원인인 행동들이다.

- 남에게 항상 최고로 보이고 싶다.
- 제일 좋은 물건을 갖고 싶다.
- 명품을 누구보다 많이 갖고 싶다.
- 사람들이 제일 좋아하는 사람이고 싶다.

신념의 영향력

- 원하는 것을 "원한다"고 쉽게 말하지 못한다.

- 자신의 뜻과 달라도 남의 의견에 맞춘다.

- 항상 남을 기쁘게 하는 행동을 한다. 남을 기쁘게 하기 위해 자신을 희생하기도 한다.

- 다른 사람들의 애정이나 동의, 평가를 얻기 위해서라면 무슨 일이든 한다.

- 다른 사람과 있을 때 '있는 그대로의 나'를 내보이지 못한다.

- 남들에게 버림받지 않을까, 나만 두고 떠나가지 않을까 두려워질 때가 있다.

- 누군가 옆에 있지 않으면 혼자서는 살아갈 수 없다고 느낀다. 자신의 일을 결정할 때도 지나치게 남에게 의지한다.

- 항상 다른 사람들의 주목을 받으려고 노력한다.

- 싫은 소리를 하거나 남의 기분을 상하게 하는 행동을 해서 남의 감정을 자극하고 싶어질 때가 있다.

- 남들에게 좋은 인상을 주는 일을 매우 중요하게 여긴다.

- 자신의 이미지를 좋게 포장하기 위해 사실을 과장하거나 거짓말을 한다.

- 잘못을 저질렀을 때 자신을 지나치게 비판한다.

- 자신이 남들보다 뛰어나다고 생각하며 남을 깔본다.
- 자신이 남들보다 못났다고 생각해 스스로를 비하하거나 타인을 우러러본다.
- 남들에게 필요한 사람이 돼야 한다고 지나치게 집착한다.
- 남을 괴롭히거나 심술맞게 군다.
- 자학적인 경향이 있다.
- 돈에 너무 까다롭게 굴거나 집착한다.

만약 자신에게 들어맞는 항목이 있다면, 그런 태도나 행동을 통해 당신이 무의식적으로 증명하고자 하는 신념이 무엇인지 마음에 물어보자.

예를 들어, '항상 남들의 주목을 받으려고 노력한다'에 해당하는 사람은 '내 가치는 남들의 평가에 따라 정해진다', '남의 인정을 받지 못한다면 내 인생은 가치가 없다'라는 신념을 지니고 있는지도 모른다.

신념이
현실을 만든다

대부분의 신념은 우리가 어린아이였을 때, 즉 당신이 아직 어려서 충분한 이해력이나 선택 능력이 없던 시절에 경험한 사건을 어떻게 바라보았는지에 따라서, 그리고 부모님과 학교 선생님 같은 주변 어른들에게 들은 말을 어떻게 해석했느냐에 따라서 결정된다. 어린 시절에 내린 해석이 그대로 잠재의식 속에 묻혀 있다가 신념으로 자리잡고, 이후 사물을 보는 시각이나 사고방식, 행동 유형에 강하게 영향을 미치는 것이다.

문제는, 어릴 적의 시각과 해석이 완전하지 않다는 사실이다. 신념의 소재는 부모나 학교 선생님 같은 권위 있는 어른들에게서 나오지만, 어릴 적의 우리가 아직 충분한 판단력이나 넓은 시야를 갖추지 못했기 때문에 어른의 말과 행동에 숨은 의미를 알지 못한 채 곧이곧대로 받아들여서 신념으로 삼는 경향이 있다.

신념에 집착하면 성공이나 행복에서 멀어진다

자신과 주변을 바라보는 관점이나 사고방식을 결정하는 신념은 대체로 12세경에 완성된다. 우리가 일단 어떤 신념을 갖게 되면 무의식적으로 동일한 시각, 사고방식, 행동 유형을 반복하며 그 신념이 옳다는 것을 증명하려고 노력한다. 설사 그 신념이 더 이상 도움이 되지 않는다 해도, 자신이 믿는 신념이 옳다는 사실을 증명하기 위해서라면 부지불식간에 무슨 짓이든 하게 된다.

더 잘살려고 만들어냈을 신념 때문에, 바르게 살려 하면 할수록 도리어 자기 자신을 괴롭히는 꼴이 되기도 한다. 예를 들어, 다음과 같은 행동을 한 적이 있는지를 생각해보라.

- '한 사람의 예외도 없이 모든 사람에게 좋은 사람이란 소리를 들어야 한다'라는 신념을 증명하기 위해 맡지도 않은 일까지 처리한다.
- '항상 긍정적이어야 한다'라는 신념을 증명하기 위해 고통스런 사건으로 힘들어하면서도 사람들 앞에서는 미소를 짓는다.

당신이 만든 신념이 당신의 '지금'을 만든다. 그리고 당신이 만들어낸 '지금'이 당신의 '인생'이 된다. 이 같은 사이클이 반복되는 동안, 잠재의식 속에 묻힌 신념은 점점 강화되어 흔들리지 않는 당신만의 진실로서 뿌리 내리게 된다.

신념은
행동을 제한한다

때때로 우리는, 원하는 것을 손에 넣고 기쁨을 누리는 것보다 자신의 신념이 옳다는 것을 증명하는 것을 우선시할 때가 있다.

예를 들어, '날 사랑해줄 사람이 있을 리 없어'라는 신념을 지닌 여성은 "애인이 있었으면…", "얼른 결혼하고 싶어"라고 말하고는 다니지만 화장을 정성스레 하거나, 몸매를 가꾸기 위해 다이어트를 하거나, 예쁜 옷을 입어 자신을 꾸미는 등 구체적인 노력은 하지 않는다. 그리고 막상 남성과 만날 기회가 오면 이런 저런 변명을 늘어놓으면서 그 기회를 흘려보낸다. 이러한 행동으로 '아무에게도 사랑받지 못하는 나'라는 신념은 증명되는 것이다. 남성의 경우도 마찬가지다. 머릿속에서는 이 같은 행동들이 자신을 상처 입히고 성공이나 행복을 떠나 보내는 짓이라고 생각은 하지만, 신념을 지키고 그 신념이 옳다는 것을 증명하기 위해 결코 멈추지 못한다.

이처럼 신념을 중심으로 살아가다 보면 중요한 선택의 순간에 신념에 의한 제한된 선택을 하게 된다. 이것은 '되고 싶은 나', '원하는 인생'을 실현시키는 데 방해가 된다. 답답한 상황에서 벗어나 원하는 인생을 손에 넣고 싶다면 지금껏 당신의 자유로운 선택을 방해해온 신념을 버릴 필요가 있다. 그리고 자신의 의지로 최선의 행동을 선택해 진정으로 원하는 것을 스스로의 힘으로 손에 넣어야 한다.

당신은 진정으로 선택을 제한하는 신념을 버리고 스스로의 의지로 행동을 선택할 수 있는 사람이 되고 싶을 것이다. 그 실현 여부는 당신의 잠재의식 속에 깊게 파묻힌 신념을 어느 정도까지 깨닫고 버릴 수 있느냐에 달려 있다.

다시 말해, 깨달음의 의식 수준을 높이고 자기 자신을 객관적으로 관찰해서 당신의 자유로운 선택을 제한하는 신념을 찾아내야 한다. 그리고 당신이 행복해지는 데 방해가 되거나 불필요한 신념을 찾아냈다면 앞으로 그 신념의 지배를 모조리 거부해야한다. 이때 68~69쪽의 체크리스트 '성장을 가로막는 신념들'을 참고하면 도움이 될 것이다.

신념에서 해방되면 성공이 가까워진다

선택을 제한하는 신념에서 해방되어 선택의 자유가 손에 들어오면 잠재의식이 활성화된다.

예를 들어, '지금 하는 일에서 성공해 부자가 되겠다'와 관련된 신념이 '돈을 벌려면 엄청나게 고생해야 한다'거나 '나는 돈 버는 재주가 없다'라면 매일 스트레스를 받으면서 지금 하는 일을 계속할 가능성이 높다. 아니면 '돈벌이는 힘들지만 돈이 없으면 생활이 곤란하니까'라는 심리적 압박감 때문에 마지못해 일을 하게 될 것이다. 왜냐하면 돈을 버는 일은 고생을 수반할 뿐만 아니라, 돈 버는 재주가 없음에도 돈을 벌어야 한다는 생각에 스트레스를 받을 게 뻔하기 때문이다. 하지만 그런 태도로 일을 한다면 당신의 잠재력이 발휘될 일은 절대 없을뿐더러 일을 통해 부자가 되는 것도 불가능하다.

반대로, '좋아하는 일을 즐기면서 하는 것이야말로 부자가 되는 가장 빠른 길이다', '나는 돈 버는 데는 천재다'라고 믿고 있다면 어떨까? 자신이 좋아하는 일이나 잘하는 일을 발견해서 일 자체를 즐기며 매일을 충실하게 보낼 수 있지 않을까? 매일 일을 더 즐겁게 하기 위해서, 또 돈을 더 많이 벌기 위해서 다양한 아이디어를 시험해보고 전혀 새로운 분야에도 적극적으로 도전할 수 있지 않을까?

이처럼 선택을 제한하는 신념에서 해방되어 긍정적인 마음 자세를 지니게 되면 잠재의식은 일이나 돈벌이뿐만 아니라 꿈이나 목표를 실현하는 데 필요한 능력을 최대한으로 끌어내 당신이 성공에 한 발짝 더 다가서는 데 힘을 보탠다. 동시에 '진정한 나'를 되찾아 '나다운 인생'을 손에 넣는 일도 가능해진다.

성 장 을 가 로 막 는 신 념 들

다음의 체크리스트를 통해 자신의 신념을 확인해보자. 어떤 신념이
당신의 잠재의식 속에 묻혀 있을까?

- [ ] 언제나 완벽해야 한다.
- [ ] 한 번이라도 실패하면 인생은 끝장이다.
- [ ] 남들이 거는 기대에 모두 부응해야 한다.
- [ ] 나 자신을 희생해서라도 타인을 기쁘게 해야 한다.
- [ ] 나를 인정하지 않는 사람이 한 명이라도 있다면 나는 쓸모없는
      사람이다.
- [ ] 무슨 일에서건 남을 이겨야 한다.
- [ ] 남 앞에서 솔직하게 감정을 표현해서는 안 된다.
- [ ] 항상 긍정적이어야 한다.
- [ ] 언제나 기분이 좋아야 한다.
- [ ] 무능한 나는 아무런 가치가 없다.
- [ ] 인간으로서의 내 가치는 학력, 직업, 연봉으로 결정된다.

☐ 인간으로서의 내 가치는 외모, 체중, 체형, 패션으로 결정된다.

☐ 있는 그대로의 내 모습을 아무에게도 보여서는 안 된다.

☐ 나는 남들보다 못났다.

☐ 나는 남들보다 몸이 약하다.

☐ 내 얘기는 들을 가치가 없다.

☐ 나를 사랑해줄 사람이 있을 리 없다.

☐ 나를 걱정하는 사람은 아무도 없다.

☐ 원하는 것을 원한다고 말해서는 안 된다.

☐ 나는 성공할 수 없다.

☐ 나는 행복해질 수 없다.

☐ 나는 부자가 될 수 없다.

☐ 돈 버는 일은 어렵다.

☐ 돈을 벌려면 엄청나게 고생해야 한다.

☐ 큰돈을 벌어봤자 좋을 것 없다.

☐ 성실하게만 일하면 돈은 알아서 따라온다.

행복법칙, 셋

모든 원인의
99%는
'내 안에 있음'을
받아들인다

떨쳐내야 할 당신의 속마음 3 〉〉〉

"내 탓이 아냐!"

뭔가 일이 잘 풀리지 않을 때,
당신은 어떤 마음으로 그 순간을 헤쳐나가는가?
원인을 찾기 위해 동분서주하는가? 아니면
'내 탓이 아냐', '난 잘못한 거 없어'라며
상황을 외면하는가? 만일 후자처럼 행동한다면
잠재의식은 당신에게 힘을 실어주기는커녕 등을 돌릴 것이 분명하다.
자신의 힘으로 원하는 인생을 손에 넣기 위해 가장 먼저 해야 할 일은
'모든 결과는 내가 만들어낸 것이다'라는
책임자의식으로 사는 것이다.
이것은 당신의 인생에서 아주 중요한 문제다.

원하는 인생을
손에 넣는
중요한 한 걸음

"어떻게 하면 바라던 사람이 되고, 하고 싶은 일에 자유롭게 도전할 수 있는 사람으로 변할 수 있을까?"

"어떻게 하면 내가 원하는 인생을 손에 넣을 수 있을까?"

우리는 항상 이런 고민을 하며 하루하루 열심히 산다. 그러면서 성공한 사람들의 이야기를 보고 들을 때면 부러운 시선에 동경하는 마음까지 보낸다. 마치 당신이 오르지 못할 자리에 오른 사람을 대하듯이. 그리고는 그들이 성공한 원인을 찾아보고, 성공 법칙을 따라하려고 노력한다.

하지만 그럴 필요가 없다. 사실 우리는 모두 성공할 수 있는 힘, 원하는 인생을 살 수 있는 힘을 지니고 태어나기 때문이다. 그 힘이 잠재력이며, 잠재의식이 당신을 위해 지원하는 가능성이다. 당신이 부러워하는 그들은 잠재력을 훌륭히 발휘한 사람들일 뿐이다.

당신은 이미 이 사실을 알고 있는지도 모른다. 생각해보라. 원래대로라면 할 수 있는 일인데 해내지 못했거나, '하면 좋다'고 머리로는 생각하면서 정작 행동하지 않았던 일은 없는가? 당신이 부러워하는 그들처럼, 당신도 잠재력을 충분히 발휘해 성공할 기회가 얼마든지 있었음에도 당신이 스스로 그 기회에 잠재력을 충분히 발휘하지 못한 것이다.

잠재력을 최대한 발휘할 수 없었던 이유를 '성공의 비밀'이나 '행복의 습관' 같은 것을 몰랐기 때문이라고 하지 마라. 주위 환경이나 타인, 운 때문도 아니다. 물론 혈액형이나 당신이 이 세상에 탄생했을 때의 별의 배치, 영혼이나 전생도 원인이 되지 못한다.

잠재력을 충분히 발휘하기 위해서는 "나에게 일어나는 모든 일의 원인은 나에게 있다"라는 마음자세가 필수다. 우선 이 사실을 받아들이고 믿자. 이 신념에서부터 모든 변화가 시작된다.

자신의 인생에 대한 모든 책임을 인정하고 받아들임으로써 당신은 인생의 주인공이 될 수 있다. '내 탓이 아냐', '난 잘못한 거 없어', '나 때문이 아냐'라고 생각하는 동안에는 절대 자신의 힘으로 지금의 어려움을 극복해낼 수 없다. 주변 사람이나 환경이 변하기를 기다리는 수밖에 없다. 신께 행복과 우연을 내려달라고 기도하는 수밖에 없다. 영능력자나 점쟁이에게 소원을 비는 수밖에 없다. 실제로 그렇게 하는 사람들도 있다.

당신도 그러고 싶은가? 그런 태도는 타인이나 주변 환경이 당신의 인생 방향을 결정하도록 내버려두는 것이다. 이렇게 되면 바라는 인생을 살 수 있느냐 없느냐는 '다른 사람의 결정 나름'이며 '운에 따라', '신의 뜻대로'다.

'나'에게서 원인을 찾을 때 잠재의식은 당신을 최대한 지원한다

'내 인생을 좋게 만들든 나쁘게 만들든 그 책임은 모두 내게

있다. 그러니 내 인생을 결정하는 것도 나뿐이다.'

이렇게, 자기 힘으로 상황을 헤쳐가자고 마음속 깊이 진심으로 바랄 때 비로소 잠재의식은 문제 해결과 목표 달성을 향해 움직이기 시작한다. 다시 말해, 잠재의식은 당신의 진심이 어느 정도인지 엄정한 눈으로 지켜보다가 진심이라고 납득하면 의욕과 결단력, 집중력, 인내력처럼 그때그때 필요한 모든 힘을 당신에게 부여한다. 하지만 당신 이외의 것에서 원인을 찾는 동안에는 당신의 편이 돼주지 않는다. 오히려 당신에게서 의욕과 결단력, 집중력, 인내력을 빼앗아가며 당신의 발을 잡아끈다.

여기서 '내게 일어나는 사건의 원인은 모두 나한테 있다'라는 말이 객관적으로 진실이냐 아니냐는 중요하지 않다. '내게 일어난 사건의 원인은 모두 나한테 있다'라고 인정하고 받아들임으로써 '내 인생을 좋게 만들든 나쁘게 만들든, 그것이 가능한 사람은 다름 아닌 나 자신뿐이다'라는 확신을 갖는 것이 중요하다. 이것을 해냈을 때 잠재의식은 당신이 원하는 결과를 손에 넣기 위해 필요한 능력을 최대한 지원할 것이다.

혹 피해자처럼
살고 있지는
않은가

사람들은 자신의 인생이 외부의 힘에 의해 움직인다고 느낀
다. 회사의 상사나 부하, 부모, 자녀, 배우자, 나이, 외모, 교육 정
도, 상황, 운, 우연 같은 자신 이외의 것에 의해 인생이 좌우된다
고 말이다.

- 우리가 아무리 열심히 일해도 회사 실적이 늘지 않는 것은 경영
  진이 형편없어서야.

- 내 영업 실적이 나쁜 것은 담당 구역이 문제야.

- 저 사람이 나보다 출세가 빠른 이유는 내 학력이 부족해서야.

- 저 여자는 합격하고 내가 떨어진 이유는 저 여자의 외모가 나보다 낫기 때문이야.

- 아무리 일을 열심히 해도 형편이 나아지지 않는 이유는 정부가 서민 위주로 정책을 펼치지 않기 때문이야.

- 지금 회사를 그만두면 부모님이 실망하실 거야. 힘들어도 참고 다녀야지.

- 내가 결혼을 못 한 건 다 부모님 때문이야.

- 아이가 있어서 이혼하고 싶어도 못 해.

- 아이 성적이 나쁜 것은 아내가 교육을 잘못 시켰기 때문이야.

- 아이가 비뚤어진 것은 남편이 엄하게 야단치지 않아서야.

이렇게 생각하는 것은 피해자의식으로 인생을 살아가는 사람들의 전형적인 모습이다. 이런 사람들은 "내 탓이 아냐", "난 아무 책임 없어"라는 말을 습관적으로 내뱉는 경향이 강하다. 그 이유는 '나에게 생긴 고민이나 문제를 만들어낸 사람은 바로 나'라는 사실을 인정하지 않기 때문이다.

문제는, 남을 탓하고 변명하면서 피해자 역할을 할 때 당신의 잠재의식이 '이 사건의 주체는 내가 아냐. 난 잘못한 거 없어. 나 대신 다른 누군가가 어떻게든 해결해야 해' 라고 생각하고 당신 이외의 것에 힘을 부여함으로써 자신의 인생 결정권을 스스로 포기한다는 사실이다.

결단을 내린 순간, 인생이 바뀌기 시작한다

만약 지금보다 나은 인생을 살고 싶다면 당신의 기대에 미치지 못하는 부모, 배우자, 자녀, 회사의 상사와 부하, 사회를 탓하는 행위를 지금 당장 멈춤으로써 피해자의 삶을 그만둬야 한다.

피해자로 살지 않겠다는 말은 '내게 일어난 일은 모두 내가 만들어낸 것이다' 라고 책임을 받아들인다는 의미다. 그리고 '내 인생의 책임자가 된다' 는 것은 '누군가가 어떻게든 해결해주기를 기대하며 기다리지 않는다' 라는 뜻이다. 즉, 내가 원하는 결과는 나 스스로 만들어낸다는 말이다.

스스로 인생의 책임자가 되어 자신에게 일어나는 사건에 대한 모든 책임을 받아들이자고 결단을 내린 순간 당신은 무한한 자유와 힘을 손에 넣을 수 있다. 또한 이렇게 스스로 인생의 책임자가 될 때 비로소 원하는 것을 자기 힘으로 손에 넣기 위한 마음자세가 갖춰진다.

당신이 꿈꾸는 인생이 어떤 것인지, 그 답은 당신 마음속에만 존재한다. 당신 말고는 아무도 알지 못한다. 당신이 마음속으로 남몰래 바라는 일을 주위 사람이 헤아려서 "이걸 하면 좋을 거야"라고 말해주기를 기다리는 것은 어리석은 짓이다. 당신이 원하는 인생을 실현하는 데 필요한 성공 법칙이나 행복 습관은 당신 스스로 발견해야 한다.

무의식 속
2가지 프로그램

　　책임자의식으로 인생을 산다는 것, 그것은 '내게 무슨 일이 일어나든 그 일의 원인은 모두 내게 있다'라는 관점에서 세상일을 바라본다는 뜻이다. '책임'이라고 하면 보통 '죄책감이나 의무감을 느끼고 스스로를 탓한다'라는 느낌이 강하다.

　　그러나 여기서는 그런 뜻이 배제된다. 즉 '책임을 진다' 혹은 '책임자의식을 갖는다'는 말 그대로 '내게 일어난 일은 모두 내가 만들어낸 것이라는 인식 하에 원인이 된 나의 선택과 행동,

그로 인해 유발된 결과와의 관계를 있는 그대로의 사실로 직시한다'는 의미다.

단, '내가 초래한 결과니 내가 나쁘다'라는 식으로 불필요한 판단이나 평가를 덧붙여서 자신을 탓하는 행동은 책임자의식에는 필요치 않다. '책임'이란 말 자체는 좋은 의미도 나쁜 의미도 없는 중립적인 단어이기 때문이다.

책임자의식이나 피해자의식 같은 마음의 태도는 잠재의식에 묻혀 있는 무의식 속 프로그램의 일종이다. 어린 시절부터 공부나 취미활동, 부모님 심부름 등의 행동을 할 때 스스로 생각하고 자기 의사에 따라 행동하는 습관을 익히면 어른이 되어서도 책임자의식이 앞서는 어른으로 성장하게 된다.

반면, 어린 시절에 무엇이든 부모가 시키는 대로만 하거나 남의 도움만 받고 자라난 사람은 '내가 원하는 결과는 내 힘으로 만들어낼 수 있다'는 감각을 몸에 익히지 못한다. 그렇게 되면 어른이 되었을 때 피해자의식이 우위에 서게 된다. 또 자기 힘으로는 어찌할 수 없는 충격적인 사건, 예를 들어 질병이나 사고로 인한 가족이나 애완동물의 죽음 등으로 절망적인 무력감을 경험한 것이 원인이 되어 피해자의식이 습관화되기도 한다.

스스로 바꿀 거야!

난 잘못한 거 없어
누가 어떻게 좀 해줘.

책임자의식

피해자의식

책임자의식과 피해자의식

책임자의식으로 반응하기 VS. 피해자의식으로 반응하기

무의식 속 프로그램은 평소에는 의식하지 못하다가 어떤 사건을 계기로 자동으로 작동하기 시작한다.

잠깐 상상해보자. 당신의 신변에 뭔가 좋지 않은 문제가 발생했다고 치자. 예를 들면, 대규모 구조조정 명단에 당신의 이름이 올랐다든가, 어느 날 갑자기 연인(혹은 배우자)이 바람을 피운다는 사실을 알게 된 경우다. 이때 당신은 어떻게 반응하는가?

"날 자른 건 그 상사야. 그 자식만은 절대 용서 못 해!"라고 분노하며 언제까지고 불행한 나날을 보낼 것인가? 아니면 "이 상황에서 난 무엇을 배울 수 있을까? 회사 실적이 나쁘다는 사실은 예전부터 알고 있었으니, 언제라도 이직할 수 있도록 자격증을 따놓든가 다른 직장을 알아보든가 하는 식으로 대비했어야 했어. 그런데 시기를 놓치고 말았어. 늦었다고 생각할 때가 가장 빠르다고 하니까, 지금이라도 준비해야지", "지금 내가 할 수 있는 일은 뭘까? 당장 할 일은 서둘러서 다른 직장을 찾는 거야!"라고 마음을 다잡겠는가?

연인(혹은 배우자)의 외도 사실을 알았을 때 "왜 크리스마스를 일주일 앞두고 이런 꼴을 당해야 하는 거야. 이럴 수는 없어!"라며 연인이나 배우자를 원망하겠는가? 아니면 "바람이나 피우는 남자와 연인 관계를 지속해야 할까? 그가 바람을 피운 것은 이미 벌어진 일이야. 이 일을 계기로 그와의 관계를 다시 한 번 잘 생각해봐야겠어"라고 생각하겠는가?

만약 이런 문제에 맞닥뜨렸을 때 주위를 둘러보며 비난할 대상을 찾는다면 당신은 피해자의식으로 반응하는 것이다. 자신을 탓하는 것 역시 피해자의식이다. 자신을 탓하고 죄책감을 느끼는 것과 책임자의식은 전혀 다른 것이다. 일어난 사건에 대해 피해자의식으로 반응하면 기분까지 부정적으로 바뀌어 남에게 화를 내거나 자신을 탓하며 우울해한다. 이는 무의식 속 프로그램이 만들어내는 자동 반응이다.

이러한 무의식 속 프로그램은 당신 스스로 적극적으로 깨닫고 의도적으로 바꾸지 않는 한 끊임없이 정확하게 작동하고, 반복된다.

피해자 입장에서 보면
성공도
'실패'로 인식된다

어떤 문제에 맞닥뜨렸을 때 책임자의식으로 반응한다면 이런 생각을 하게 될 것이다.

- 나의 어떤 행동이 이런 결과를 낳았을까?

- 이 일이 있기 전에 나는 어떤 선택을 했던가?

- 같은 일을 반복하지 않으려면 다음에는 어떤 선택을 해야 할까?

- 이번 경험에서 무엇을 배울 수 있을까?

눈앞의 일을 책임자 입장에서 볼 것인가, 아니면 자신의 책임을 방기한 피해자 입장에서 볼 것인가에 따라 긍정적인 학습 체험이 되기도 하고, 부정적인 실패 경험이 될 수도 있다. 설령 자신의 예측을 벗어난 사건이 일어나더라도 책임자의식으로 받아들인다면 그 일로부터 새로운 교훈을 얻고 앞으로 나아갈 수 있다.

하지만 같은 사건이라도 피해자의식으로 마주하면 '누구 때문에 내가 이런 꼴을 당했는가?'라며 마음속에서 가해자를 찾아다니게 되고, 아무리 시간이 흘러도 과거의 일에서 헤어나오지 못하게 된다.

잠재의식을 내 편으로 만드는 마음의 태도

이처럼 당신이 사건의 피해자가 될지, 아니면 책임자가 될지는 자동적으로 정해지는 것이 아니다. 책임자와 피해자, 어느 입장에서 인생을 살 것인가는 100퍼센트 당신의 선택에 달려 있으며, 당신이 사건을 어떤 식으로 해석하느냐에 따라 정해진다.

책임자 입장을 선택한다면 강인함을 손에 넣으면서 쉼 없이

곤란한 문제를 겪거나 실패했을 때

책임자의식   피해자의식

쉼 없이 성장하는 사람의 비밀

성장하며 인생의 주인공으로 살 수 있을 것이고, 불쌍한 피해자 역할을 자처한다면 타인을 탓하면서 분노하든지 자신을 탓하다가 우울한 감정에 빠지게 될 것이다. 이미 일어난 사건을 되돌릴 수는 없지만, 그 일을 대하는 마음의 태도는 자신의 의지로 자유로이 선택할 수 있다.

인생에서 무슨 일이 일어나든 자진해서 책임자 입장에 설 때 당신의 잠재의식은 당신 편이 돼준다. 그리고 잠재의식을 아군으로 둔 당신은 잠재력을 최대한으로 발휘해서 인생의 주도권을 쥘 수 있게 된다.

인생을 살아가는
2가지 방법

인생을 살아가는 방법은 두 가지다.

첫째, 마치 자신에게는 아무런 선택권도 없다는 듯이 '해야만(이래야) 하는 것'들에 사로잡혀 자유롭지 못하게 살아가다가 생각대로 풀리지 않는 일이 생기면 '내 탓이 아냐'라고 생각하고 타인이나 불운의 탓으로 돌린다. 이런 식으로 살면 필연적으로 피해자로서 인생을 보내게 된다.

둘째, '내 인생에 일어나는 사건은 모두 내가 선택해서 결정한 결과'라는 태도로 모든 책임을 인정하고, 벌어진 사건에 어떻게 반응할지 스스로 결정한다. 이것이야말로 인생을 책임자의 입장에서 살기 위한 마음의 태도라 할 수 있다.

이들 두 가지 삶의 방식 중에서 어느 쪽이 사건의 진실에 더 가까운가는 아무런 상관이 없다. 중요한 것은 어느 쪽을 선택했을 때 더 나은 인생을 손에 넣을 수 있느냐다. 부모, 자녀, 배우자, 회사의 상사나 부하, 나이, 교육 정도, 경제 상황, 운이나 우연 같은 나 이외의 것들의 희생자가 되어 피해자의식으로 인생을 살 때 당신의 잠재의식은 '내 힘으로 인생을 바꾸는 것은 불가능하다', '인생은 통제 불가능한 것이다'라고 느낀다. 그렇게 되면 당신은 자신의 연약함과 무력함을 절감하면서 누군가 어떻게 해주기만을 기대하다가 낙담하고 절망하기를 반복하게 된다.

반면 책임자의식으로 살면 당신의 잠재의식은 '내 인생은 내가 선택할 수 있다', '내 힘으로 내 인생을 다르게 만들 수 있다'라고 느낀다. 더불어 당신이 지닌 잠재력을 충분히 발휘할 수 있게 해주며, 당신에게 무한한 자유와 힘을 선사한다.

당신의 운명은
당신의 무수한
선택에 따른 결과다

　　이미 말했듯이, 지금 살고 있는 인생은 과거에 당신이 선택해서 한 행동에 의해, 모두 당신이 스스로 만들어낸 결과다. 또한 소유한 물건, 소속된 조직, 맺고 있는 인간관계 등 지금 손에 쥐고 있는 것은 모두 당신이 과거에 선택하고 스스로 결정한 결과다. 이 같은 진실을 인정하고 받아들이자.

　　그렇다고 해서 절대로 자신을 탓해서는 안 된다. 필요한 것은 '그때 내가 결정했다', '그러고 보니 그것을 하자고 먼저 나선 건 나였다', '그 사람에게 동의한 사람은 나다' 라고, 있는 그대로의 사실을 정직하게 인정하는 태도다. 그리고 '지금까지 내 인생을 선택해온 사람은 다름 아닌 나고, 앞으로도 평생에 걸쳐 내 인생을 결정할 사람 역시 나밖에 없다'라는 사실을 받아들일 수 있다면 '더 나은 인생을 살기 위해 필요한 것은 모두 내 안에 있다'라는 사실을 깨닫게 된다.

그렇게 되면 내게 일어난 사건을 두고 변명하거나 남 탓을 할 필요도 없어진다. 분명 당신은 인생에서 마주치는 모든 사건을 뜻대로 조절할 수는 없다. 하지만 벌어진 사건에 대해 어떻게 생각하고, 느끼고, 어떤 행동을 취할 것인가는 온전히 당신의 선택에 달려 있다.

- 언제, 어디서, 누구와, 무엇을 하고 지낼까?
- 무엇을 먹고, 먹지 않을까?
- 무엇을 말하고, 말하지 않을까?
- 무엇을 배우고, 무엇을 배우지 않을까?
- 결혼을 할까, 말까?
- 무엇을 믿고, 무엇을 소중히 여길까?
- 무엇을 단념하고, 무엇을 추구할까?

- 어떤 사람이 될까?

- 누구를 위해, 무엇을 위해 공헌할까?

　이 모두가 당신이 지금까지 인생에서 선택해온 것들이다. 만약 당신이 원하는 인생을 진심으로 손에 넣고 싶다면 앞으로 이도 저도 아닌 것을 원하거나 평범한 목표를 입에 올려서는 안 된다. 어느 정도까지 진심인지 아닌지를 당신의 잠재의식은 모두 꿰뚫어보고 있기 때문이다.

　당신이 의식하든 하지 못하든 인생은 선택의 연속이며, 선택이란 하나의 길을 택하고 다른 쪽은 버린다는 의미다. 지금까지의 숱한 선택으로 당신의 운명은 형태를 갖춰나갔고, 앞으로도 그럴 것이다. 당신이 어떤 인생을 살아가느냐는 모두 당신의 선택에 달려 있으며, 운명을 결정하는 것은 주위 환경이나 주변에서 일어난 사건이 아닌 당신의 선택에 따른 결과임을 마음에 새겨야 한다.

운명을 좌우하는
선택의
3가지 핵심

어중간한 마음으로 목표를 추구하면 당신의 잠재력은 제대로 발휘되지 않는다. 그러니 자신이 진심으로 만족할 수 있는 목표를 선택하자. 그런 선택에는 분명한 이유가 있어야 한다.

- 나는 무엇을 선택할 것인가?
- 나는 왜 선택하는가?
- 나는 지금 무엇을 선택하고 있는가?

이 세 가지를 분명하게 의식한 뒤에 선택하자. 준비된 선택만이 앞으로 당신의 인생에 만족할 만한 결과를 가져올 수 있다. 또 이 같은 마음의 태도가 계속 쌓이면 책임자의식으로 원하는 인생을 살아갈 수 있다.

책임자의식으로 살아가는 3가지 질문

당신의 운명을 결정지을
진심 어린 선택

지금보다 더 나은 인생, 당신이 원하는 인생을 살고 싶다면
다음 질문에 대해 진심 어린 선택을 해야 한다.

- 현재 하는 일 중 계속 해야 할 일은 무엇일까?
- 현재 하는 일 중 그만둬야 할 일은 무엇일까?
- 현재 하지 않는 일 중 새로 시작해야 할 일은 무엇일까?

당신의 운명은 당신의 선택에 의해 결정된다는 사실을 절대
잊지 말기 바란다.

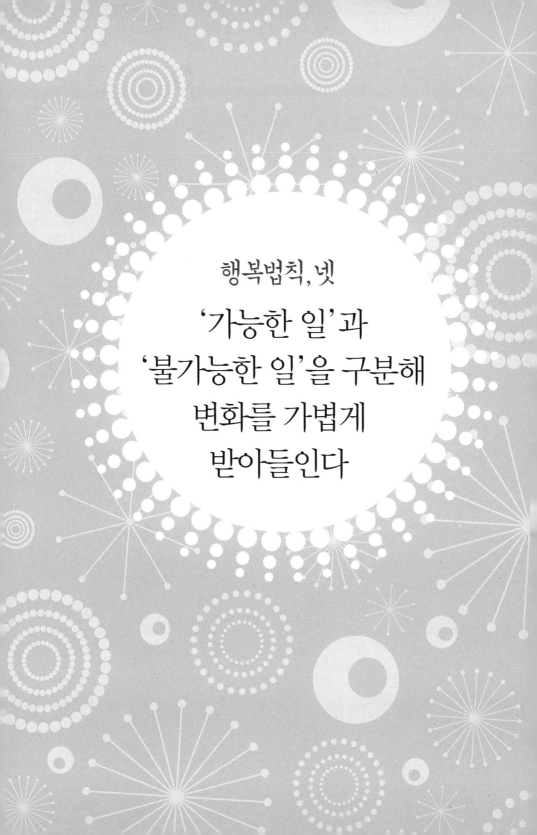

행복법칙, 넷

'가능한 일'과
'불가능한 일'을 구분해
변화를 가볍게
받아들인다

떨쳐내야 할 당신의 속마음 4 〉〉〉

"이건 이래야 해!"

마음에 들지 않는 변화에 처하면

당신은 어떻게 하는가?

"어쩔 수 없어"라며 순응하는 것도 문제지만,

자기 마음에 드는 방향으로

상황을 바꾸려 하는 것은 더 큰 문제다.

'이건 이래야 해'라며 고집을 부릴수록

고민과 문젯거리가 생겨나기 때문이다.

고통과 스트레스를 받으며 살 것인가,

아니면 자유롭고 주도적인 삶을 선택할 것인가?

당신은 어떤 인생을 원하는가?

당신 생각대로
풀리는
일은 없다

이 세상에 항상 일정한 상태를 유지하는 것은 없다. 우리를 둘러싼 환경은 물론 직장에서의 판매 실적이나 지위, 가족이나 연인, 친한 친구들과의 인간관계 등 모든 것은 항상 변하며, 당신이 기대했던 대로 진행되지도 않는다. 그러니 당신은 이 세상을 살아가면서 마주칠 사람과의 관계나 사건의 변화, 환경의 변화에 유연하게 대응하는 능력을 길러야 한다.

변화에는 당신에게 바람직한 것도 있고 그렇지 않은 것도 있다. 당신이 바라지 않는 변화도 일어난다. 그런데 어느 쪽의 변화이건 일단 변화가 일어나면 우리는 크고 작은 스트레스를 받는다. 일어난 변화에 대응하기 위해 필요한 변화를 강요받기 때문이다. 게다가 이런 변화는 예측이 불가능한 것들이다.

변화에 대응했을 때 그것 또한 항상 자신의 의도대로 잘 풀리리라고는 장담할 수 없다. 대응 가능한 것인지 아닌지도 알 수 없으며, 때로는 변화를 따라가지 못하기도 하고 장애물에 발이 걸려 넘어지기도 한다. 이 모든 것이 우리로서는 어찌할 수 없는 일이다. 다만, 이런 변화를 어떤 태도로 마주하는지가 아주 중요하다.

변화를 마주하는
2가지 태도

주변 상황이 변하거나 사건이 일어났을 때 어떤 태도로 마주하고 반응하는가에 따라 당신의 상황은 크게 달라진다.

만약 '내게 일어난 일은 모두 내가 선택하고 결정한 결과다'라는 책임자의식으로 변화나 사건을 받아들인다면 잠재의식은 안에서 잠자던 능력과 가능성을 해방시켜서 변화나 사건에 더욱 훌륭하게 대응할 수 있도록 돕는다.

이는 절대 어려운 일이 아니다. 피할 도리 없는 현실이나 변화를 받아들이고, '불안하고 자신이 없지만 가능한 모든 노력을 기울여서 조금씩이라도 변화에 익숙해지자'라고 생각할 수만 있으면 된다. 책임자의식으로 인생의 변화나 사건과 마주한다면 당신은 성장을 경험할 수 있고, 이를 통해 자기 자신에 대한 자신감과 신뢰를 얻을 수 있다.

반면, 피해자의식으로 변화나 사건을 마주한다면 바로 이런 생각에 휩싸일 것이다.

- 왜 내가 이런 꼴을 당해야 해?
- 이런 일은 있어선 안 돼.
- 누구 때문에 이런 꼴을 당하는 걸까?
- 내 탓이 아냐.

이처럼 현실을 부정하고 책임을 받아들이지 않으면서 '이건 이래야 해'라는 신념에 집착하면 고민과 문젯거리가 생겨난다. 그리고 '이 변화에 대응할 수 없는 건 아닐까?'라는 두려움과 불안감이 강해지면서 마치 자신이 무력한 피해자인 양 느끼고 스스로 괴로워하게 된다.

변화를 부정하고
거부할수록
문제는 커진다

앞에서도 언급했듯이, 변화를 부정하고 저항할수록 오히려 그 일이 신경 쓰이고, 그로 인한 고민은 커진다. 하지만 현실을 받아들이면 서서히 마음이 편해지면서 어느 틈엔가 현 상황에 대한 불쾌한 기분이 사라진다.

누구든 한참 하고 있던 일에 크고 작은 문제가 생기는 경험을 한다. 그럴 때, 자기 책임은 하나도 인정하지 않으면서 '왜 내가 이런 일을 당해야 해?' 라는 마음으로 상황에 저항한다면 아무리 시간이 흘러도 '발전하는 나'를 경험할 수 없다.

기억을 더듬어 당신이 인생의 막다른 곳에 있었던 일을 떠올려보라. 그리고 냉정하고 객관적으로 그 상황을 관찰하라. 아마도 그 상황을 부정하면서 자기에겐 책임이 없다고 마음속으로 외치고 있는 자신의 모습을 발견할 수 있을 것이다.

이러한 변화 저항 현상은 한 회사를 책임지는 CEO들에게서도 많이 발견된다. 가장 대표적인 것이, 시대가 변하고 환경이 바뀌고 고객의 요구가 변했음에도 불구하고 과거에 성공했던 방식을 고집하면서 매출이 줄어들고 있다며 푸념하는 CEO들이다. 그들은 "매출이 떨어지는 원인은 우리가 아니라, 우리 상품의 장점을 이해하지 못하는 요즘 소비자들이다"라고 말한다. 또한 세상의 변화를 감지하지 못한 채 경쟁사의 동향을 살피거나 고객의 목소리에 귀를 기울이는 노력도 소홀히 한다.

주변을 둘러보면 이 CEO들처럼 같은 방식을 고집하면서도 다른 결과를 기대하는 사람들을 흔히 발견할 수 있다. 이런 사람들의 공통점은 피해자의식에 빠져 있다는 것이다. 앞에서도 말했듯이, 피해자의식에 빠져 있으면 잠재의식은 당신에게 아무런 능력을 주지 않는다. 게다가 현실 혹은 변화에 저항을 계속할수록 문제는 점점 더 커진다. 싫은 일은 '하기 싫어'라고 생각할수록 당신 옆자리에 더욱 악착같이 붙어 앉는다. 부정적인 마음으로 문제를 마주하면 오히려 그 문제에 힘을 실어주는 꼴이 되기 때문이다.

불가능한 일을 가능케 하려는 고집을 버려라

문제를 제거하려면 우선 문제의 제조자 역할부터 그만둬야 한다. 그리고 문제가 된 상황을 부정하거나 거부하지 말고 있는 그대로를 받아들여서 더 이상 그 문제에 힘을 실어주는 일을 하지 말아야 한다.

만일 당신의 마음을 어지럽히는 대상이 사람이라면 그 사람을 허용하라. 만약 당신이 도저히 그 문제를 내려놓을 수 없다면 그 또한 당신의 선택이다. 단, 이때는 자신의 의지로 그 문제를 지속시키고 있다는 점을 스스로 깨달아야 한다. 그렇지 않으면 문제의 제조자가 자기 자신인 줄도 모르고 계속해서 그 문제 때문에 고민하며 괴로워하게 된다.

문제의 제조자 역할에서 벗어나려면 어떻게 해야 할까? 가장 먼저 당신 주변의 일들을 '가능한 일'과 '불가능한 일'로 확실하게 구분해야 한다. 그 다음에는 '불가능한 일'에 대한 신경을 끄고 '가능한 일'에 전력을 다해야 한다. 그렇게 하면 문제를 만들 확률이 적어질 뿐만 아니라, 지금 처한 고민이나 문제에서 자연스럽게 빠져나올 수 있다.

살아가면서 겪게 되는 사건이나 주변 사람들과의 관계를 내 마음대로 한다면 얼마나 좋을까마는, 그건 불가능한 일이다. 불가능한 일을 내 생각대로 하려고 할 때 고민과 문제가 생겨난다. 게다가 고민과 문제에 너무 몰두하면 '가능한 일'과 '불가능한 일'을 구별할 수 없게 되어서 '내 노력이 부족하다' 혹은 '내가 쓸모없는 인간이라서 이런 일이 생겼다'라며 자신을 책망하다가 더욱 깊은 고민에 빠지는 결과를 초래한다.

불가능한 일을
가능케 하려는
시도들

우리가 흔히 저지르기 쉬운, 불가능한 일을 가능케 하려는
시도는 세 가지로 분류된다.

기분이나 감정을 내 마음대로 조정하려 한다

기분이나 감정은 잠재의식이 만들어낸 자연스런 반응이자

현상이며, 당신에게 전하는 메시지다. 중요한 발표 때 긴장하거나 어려운 사람과 만나기 전에 마음이 편치 않은 것은 당연한 현상이다. 자연스럽게 일어나는 불쾌한 감정을 의지력으로 없애려 하거나, 밝은 기분으로 상황에 도움이 되는 사고를 해야 한다고 생각하는 것은 '불가능한 일'을 '가능한 일'로 바꾸려는 헛된 노력이다.

현실을 내 생각대로 움직이려 한다

주위 환경이나 인간관계, 주변에서 일어나는 사건을 자신의 이상에 맞게 움직이는 일은 불가능하다. 하지만 이미 일어난 사건에 대한 자신의 책임을 받아들이고, 그 사건에 대한 반응을 선택하는 일은 가능하다.

다른 사람의 기분이나 평가를 내 뜻대로 바꾸려 한다

　채소보다 고기를 좋아하는 사람에게 '고기를 싫어하고 채소를 좋아했으면' 하고 바라더라도 기대한 결과를 얻기는 어려울 것이다. 마찬가지로 '상대가 나를 싫어하는 것 같다', '내 의견에 찬성하지 않는 것 같다' 라고 느끼더라도 그들의 기분이나 평가를 내가 원하는 방향으로 바꿀 수는 없다.

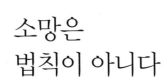

소망은
법칙이 아니다

다음의 생각들은 우리가 살아가면서 매일 반복하는 것들이다. 이런 생각들이 주장하는 바가 무엇인지, 그 내용을 냉정히 살펴보자.

- 회사는 내 능력을 더 높이 평가해야 해.
- 남편(아내)은 내게 다정해야 해.
- 우리 아이들은 부모 말을 잘 들어야 해.

- 부모는 아이 의견에 귀를 기울여야 해.
- 나는 누구에게나 항상 좋은 사람이어야 해.

이런 생각들이 주장하는 내용을 보면 대부분 객관적인 판단을 근거로 하는 'a는 b다' 식의 법칙이나 진실이 아니라, '현실이 이렇게 되면 좋겠다'고 하는 개인적인 소망이나 요구에 불과하다. 이런 생각들은 현실과의 싸움에서 백전백패한다. 현실은 이미 벌어진 상황이다. 이미 일어나버린 일, 특히 내 힘으로 어쩔 수 없는 일을 인정하지 않고 소망이나 요구를 마치 법칙인 양 생각하면서 그렇게 돼야 한다고 고집을 피울수록 당신에게 주어진 수많은 자유와 힘을 빼앗기고 만다.

'이래야만 해'라는 생각에 사로잡혀서 현실에 저항하는 행동의 이면에는 과거나 타인을 바꾸려 하는 의도가 숨어 있다. 하지만 과거나 타인을 바꾸는 일은 불가능하다는 점을 우리는 알아야 한다. '이래선 안 돼'라고 눈앞의 상황을 부정하고 그것을 원하는 방향으로 바꾸려 아무리 애써도 이미 벌어진 일을 되돌리기는 어렵다. 그렇기 때문에 불가능을 가능케 하려고 노력하면 할수록 노력의 대가는 고사하고 오히려 고민이나 문젯거리가 생겨나

분노와 슬픔, 무력감이나 절망감 같은 부정적인 감정들이 당신을 괴롭힌다.

누구나 직장에서는 높은 평가를 받고 싶어 하고, 집에 오면 배우자가 다정하게 대해주길 기대한다. 부모라면 자녀가 이상적인 인생을 걸어갔으면 하고 기원한다. 모두 당연한 일이다. 하지만 상황이 내 바람대로 흘러가지 않는다는 이유로 실제로 일어난 사건을 부정하고 저항한들 무슨 소용이 있겠는가.

하지만 다행스럽게도, 새로운 선택을 함으로써 자신의 미래를 바꾸는 일은 가능하다. 그것을 위해 필요한 마음 자세가 책임자의식이다.

책임자의식이 나를 바꾸고 미래를 바꾼다

책임자의식으로 상황에 대응할 수 있는 사람은 현실을 있는 그대로 바라보고 받아들인다. 눈앞에 벌어진 현실을 그 이상도 그 이하도 아닌 상황으로 인지하고, 자신의 호오(好惡)나 선악(善惡)과 같은 가치 판단이나 맹신은 저 멀리 두고 '있는 그대로'를 인정한다.

이때 '현실을 있는 그대로 받아들인다'는 말은 결코 타협한다거나 단념한다는 뜻이 아니다. 약한 인간이 선택하는 행위도 아니다. 오히려 그 반대다. 현실을 있는 그대로 직시하고 받아들이려면 용기와 강인한 마음이 필요하기 때문이다.

책임자의식으로 살면서 현실을 있는 그대로 인정하고 받아들여서 가장 좋은 점은 잠재의식이 당신에게 자유와 힘을 안겨준다는 것이다. 그 결과, 어떤 상황에 맞닥뜨려도 남에게 화를 내거나 자신을 탓할 필요가 없어진다. 당신에게 운이 없음을 한탄할 필요도 없다. 왜냐하면 현실에서 일어난 사건을 없던 일로 바꿀 수는 없지만, 그 사건에 대해 적극적으로 대처해 미래를 더 나은 방향으로 바꿔가는 힘이 생기기 때문이다. 이처럼 책임자의식으로 산다는 것은 곧 자기 자신과 미래를 변화시키는 일에 의식과 노력을 집중함을 의미한다.

그렇다고 해서 '이래야만 해'라는 생각이 모두 나쁜 것만은 아니다. '이러고 싶다', '이렇게 되고 싶다'라는 기대나 소망을 품으면 그 목표를 실현하기 위해 노력하게 되고, 그 영향으로 더욱 성장할 수 있기 때문이다.

문제는, 현실을 보지 않고 오로지 맹목적으로 자신의 이상에 집착할 때 생긴다. 현실을 무시하고 이상에만 매달리는 행동은 이상을 좇는 듯 보이지만 실제로는 현실과 이상 사이의 틈을 더욱 벌어지게 만든다.

당신을 옭아매는
'이래야만 해'라는
생각들

　'이래야만 해'라는 생각들은 완벽히 이상을 실현하기 위해 당신의 행동을 제한하고 잠재력을 옭아맨다. 이러한 '이래야만 해'라는 생각에는 몇 가지 유형이 존재하는데, 이 생각들에서 벗어날수록 자유롭고 이상적인 인생을 살 수 있다.

　당신은 어떤 생각으로 자신을 옭아매고 있는가?

'나는 항상 완벽해야 해'

주어진 일이 무엇이든 빈틈없이 처리해야 한다고 생각하는 직장인, 청소·빨래·요리·육아 등 주부로서 모든 것을 완벽하게 해치워야 한다는 생각으로 자신의 체력을 혹사시키는 여성이 여기에 해당된다.

이런 사람들은 남자로서 혹은 여자로서, 부모로서 혹은 자식으로서, 남편으로서 혹은 아내로서, 상사로서 혹은 부하로서 자기에게 주어진 다양한 역할을 확실히 해내야 한다는 신념에 사로잡혀서 적당히 끝내도 되는 일마저 악착같이 달라붙어서 끝내려고 자기 자신을 채근한다.

그 배후에는 '나는 항상 남들의 인정을 받아야 해'라는 또 하나의 완벽주의 신념이 존재한다. 이런 유형의 사람들은 조그만 일에도 '만약 완벽하게 해내지 못하면 나는 쓸모없는 인간이야'라고 단정 짓는 경향이 있다.

완벽주의에 빠지면 인생에서 막다른 곳에 몰리기 쉽다. 왜냐하면 '모든 것을 완벽하게 해내고 싶다', '절대로 ~해야 한다(해선 안 된다)', '항상 이래야 한다'는 기준에 부합하려고 늘 심리적·체력적으로 무리하기 때문이다. 또한 모든 일에서 완벽을 추구하다 보면 현실과 이상 사이에 절대로 메울 수 없는 틈이 반드시 생긴다. 그 틈은 노력만으로는 해결되지 않는 고민과 문제로서 모습을 드러낸다.

만약 자신이 완벽주의에 빠져 있다면 스스로 다음과 같은 질문을 던져보자.

- 내가 좇는 이상은 시간이나 상황을 고려했을 때 현실적으로 실현 가능한 것일까?
- 내가 지금 목표로 삼은 수준은 정말로 필요한 것일까? 아니면 단순한 집착에 불과한 것일까?

'나는 항상 남들의 인정을 받아야 해'

다양한 자격과 지위를 많이 보유하고 있는 사람, 누구나 입사하고 싶어하는 대기업에 소속되어 있다는 사실에 만족하는 사람, 영업 실적을 지속적으로 올려서 상사의 칭찬을 받거나 회사에서 높은 평가를 받으면 모든 일이 잘 풀릴 것이라고 생각하는 사람들이 이 유형에 속한다.

이런 사람들은 '남의 평가가 곧 나의 가치'라고 생각하기 때문에 마음 한구석에는 '무능한 놈', '쓸모없는 놈'이라고 평가받는 것에 대한 두려움이 존재한다. 그래서 더 열심히 일하고, 더 완벽하게 해내려 노력한다.

남의 평가에 너무 의존한 채 살면 잘나가는 동안에는 괜찮지만 자신의 생각만큼 일이 풀리지 않을 때가 문제다. 남들의 평가를 얻지 못하면 금세 '난 안 돼'라는 생각이 떠올라 침울해지고 열등감에 사로잡힌다. 이 유형의 사람들에게 필요한 것은 '있는 그대로의 나'의 가치를 스스로 인정하는 일이다.

'나는 언제나 남보다 뛰어나야 해'

이상도 자존심도 높아서 지는 것을 죽도록 싫어하는 사람들이다. 언제나 '남보다 잘나고 싶다', '절대로 다른 사람에게 지고 싶지 않다', '무슨 일이든 최고가 아니면 직성이 풀리지 않는다'는 생각이 강하다. 그 배경에는 '남보다 유능한 지금의 나는 가치가 있지만, 능력이 사라지면 내 가치도 사라진다'라는 신념이 존재한다.

이들에게는 '인간으로서 지닌 가치는 승부로 결정되는 것이 아니다'라는 사실을 확실하게 이해하는 마음이 절실히 필요하다.

'나는 항상 긍정적이어야 해'

많은 사람들 앞에서 연설을 할 때 긴장하면 안 된다고 다짐할수록 오히려 가슴이 쿵쾅거리면서 머릿속이 새하얘지는 사람, 어떤 일에 실패했을 때 심하게 낙담하면서 긍정적으로 반응하지 못하는 자신의 모습에 실망해 '나는 이래서 안 돼'라며 끙끙 앓는 사람이 이 유형이다. 이 유형의 사람들은 '항상 적극적이고 긍정적인 사고로 살아야 한다'는 신념을 지니고 있다. 그래서 긴장이나 불안·공포·분노·슬픔처럼 부정적인 감정은 어떻게든 없애버리려 한다.

하지만 불안·분노·슬픔 같은 부정적 감정이나, 긴장하면 얼굴이 붉어지고 목소리가 떨리는 증상은 있어서는 안 되는 일이라며 억누르면 억누를수록 더욱 강해지고 오랜 시간 지속된다. 왜냐하면 부정적인 감정이나 불쾌한 신체 증상을 없애겠다고 다짐하는 순간부터 그것에 더욱 신경을 쓰게 되고, 신경을 쓰면 쓸수록 부정적 감정이나 불쾌한 신체 증상에 더욱 민감해지기 때문이다. 이처럼 감정을 이성적으로 조절하는 일은 불가능하며, 억지로 감정을 조절하려고 애쓸수록 고민이나 문제가 생겨난다. 단, 감정이 필요 이상으로 폭발하는 것은 스스로 막을 수 있다.

부정적인 감정이든 긍정적인 감정이든 모든 감정은 당신이 무엇을 해야 하는지, 무엇을 하면 안 되는지를 알려주기 위해 잠재의식이 만들어낸 신호다. 기쁨이나 즐거움 같은 긍청적인 감정은 당신이 지금 하는 일이 옳다는 사실을 알려준다. 분노나 슬픔, 우울 같은 부정적인 감정은 당신이 지금 하고 있는 방식을 바꿔야 한다고 알려준다.

예를 들어, 분노의 감정은 '내가 중요하게 생각하는 법칙이 깨졌다'라는 메시지를 잠재의식이 당신에게 전하는 것이다. 그러니 만약 분노의 감정이 치밀어 오르면 그것을 억누르려 하지 말고, 당신이 중요하게 여기는 법칙이 무엇인지를 살펴서 법칙을

잠재의식에서 지워야 할 '이래야만 해' 생각들

- 나는 완벽해야 해.

- 나는 항상 남들의 인정을 받아야 해.

- 나는 남보다 뛰어나야 해.

- 나는 항상 긍정적이어야 해.

- 기분이 좋지 않을 때는 행동해선 안 돼.

- 누구든 내가 추구하는 이상을 따라야 해.

깨뜨리게 한 대상에게 그 법칙을 지켜달라고 부탁하면 된다. 당신이 성의를 다해 얘기한다면 상대는 당신의 부탁에 귀를 기울여줄 것이고, 그렇게 되면 자연스럽게 분노의 감정은 사라진다.

　이처럼 잠재의식이 전하는 감정의 메시지에 귀를 기울이고 그 충고에 따른다면 부정적인 감정에 휘둘리거나 압도되는 일은 더 이상 없을 것이다.

'기분이 좋지 않을 때는 행동해선 안 돼'

　'자신감이 생길 때까지 사람들 앞에서 연설하지 않겠어'라고 스스로 결심한 사람, '오늘은 기분이 안 좋으니까 일이 손에 잡히지 않아. 기분이 좋아진 다음에 하자'라고 생각해 일을 미루는 사람들이 이 유형에 속한다. 이런 사람들은 눈앞에 존재하는 사실이나 해야 할 행동보다는 자신의 감정이나 기분을 더 중요하게 생각한다. 이러한 성향을 '감정 중심의 삶'이라고 한다.

　'감정 중심'이란 사물의 좋고 나쁨을 자기 기분을 기준으로 평가하고 결정하려는 마음의 태도다. 그래서 조금이라도 마음이 편치 않으면 '지금은 기분이 안 좋으니까 행동할 수 없어', '지금의 불안한 마음만 없어지면 행동할 수 있을 텐데'라고 생각해 버린다.

이렇게 살게 되면 목표 달성에 문제가 생긴다. 즉, 감정이나 기분은 이성적으로 조절할 수 없는 대상이기 때문에 그때그때의 기분에 따라 중요한 일이나 해야 할 일을 완수하지 못하는 매우 곤란한 상황이 벌어질 수 있다. 그 결과, 아무리 시간이 흘러도 하고 싶은 일이나 해야 할 일을 하지 못하고 중요한 목표도 달성하지 못한다.

'감정 중심의 삶'과 반대되는 것이 '목적 중심의 삶'이다. '목적 중심의 삶'은 상황이나 사물의 좋고 나쁨을 결정할 때 '해야 할 일을 했는가?', '목적은 달성 가능한가?'를 기준으로 판단하며, 자신의 기분이나 감정은 문제 삼지 않는다. 다시 말해, 기분이나 감정에 상관없이 지금 해야 할 일을 완수하는 것을 중요하게 생각한다. 그렇게 함으로써 조금씩 목표에 다가가고, 결국 목표를 달성하게 된다.

'누구든 내가 추구하는 이상을 따라야 해'

자신이 젊어서 이루지 못한 꿈을 자식을 통해 대신 이루려 하거나 자식이 원치 않는 가업을 잇게 하려는 부모, 결혼하면서 아내에게 직장을 그만두고 집에 들어와 전업주부로 살 것을 강요하는 남편이 이 유형에 속한다. 이런 사람들이 부모라면 자식에게, 남편이라면 아내에게, 아내라면 남편에게 자기 생각대로 행동하라고 강요하거나, 자신의 이상에 들어맞는 존재가 되어야 한다면서 그렇게 되라고 강하게 요구한다.

이들은 무의식중에 상대를 자기 소유물처럼 생각하고 어떤 수단을 사용해서든 상대를 지배하려는 욕구가 강하다. 즉, 상대를 협박하거나 상대의 양심이나 죄책감에 호소하는 등 다양한 수단을 사용한다. 하지만 상대가 누구든 자기 자신이 아닌 남을 자기 생각대로 조종하는 것은 현실적으로 불가능하다. 그런 점에서 이들은 자기가 스스로 고민과 문젯거리의 원인을 제공하는 격이다.

배우자나 자녀, 부하직원은 당신의 소유물이 아니다. 그들을 한 명의 인간으로서 존중하고, 설사 그들이 당신과 다른 시각이나 사고방식을 지니고 있다 하더라도 그 차이를 있는 그대로 받아들여야 한다. 결코 그들을 비판하거나 당신의 이상에 맞추려고 해서도 안 된다.

그렇다고 해서 그들의 의견이나 생각에 무조건 동의하거나 찬성할 필요는 없다. '이 사람은 이런 시각, 이런 사고방식을 갖고 있구나'라고, 자신과의 차이를 인정하고 그들을 있는 그대로 받아들이는 것만으로 충분하다.

'가능한 일'에 집중하면
고민과 문제에서
벗어난다

아무리 힘든 상황에서도 '가능한 일'은 반드시 있다. 가능한 일에 의식을 집중해서 달려들면 잠재의식이 활성화되어 잠재력이 최대한으로 발휘된다. 고민이나 문제를 극복하려면 가능한 일을 착실하게 처리해나가는 수밖에 없다. 불가능한 일은 내버려두자.

'가능한 일'은 다음과 같은 것들이다.

자신의 한계를 안다

아무리 애를 써도 자신의 힘으로는 안 되는 불가능한 일이 있음을 인식하고 좋은 의미에서 단념한다. 누구에게든 불가능한 일도 많지만, 마찬가지로 가능한 일 역시 산처럼 쌓여 있다. '현실을 있는 그대로 받아들인다'라는 책임자의식을 갖자.

부정적인 감정을 받아들인다

'불안하다', '자신이 없다', '무섭다', '우울하다' 같은 부정적인 감정을 일부러 없애려 하지 마라. '불안한 나', '자신감 없는 나', '두려워하는 나', '우울한 나' 같은 부정적인 감정을 가지고 본래의 당신의 모습을 똑바로 마주하고 그 현실을 받아들인다.

이때 '이런 난 안 돼'라든가 '내게는 안 맞는 게 아닌가' 하는 식의 쓸데없는 평가나 판단을 덧붙여서는 안 된다. 그저 사실을 객관적으로 관찰해서 받아들이면 된다. 절대 '있는 그대로의 사실'과 '자신의 판단'을 혼동해서는 안 된다.

눈앞에 있는 '해야 할 일'이나 '하고 싶은 일'에 착수한다

이것은 앞에서 설명한 '목적 중심의 사고방식'이다. '불가능한 일'을 '가능한 일'로 바꾸려는 무리한 시도를 멈추고, 기분이나 마음에 상관없이 지금 눈앞에 있는 '해야 할 일'과 '하고 싶은 일'에 생각을 집중해 착수한다. 기분이나 감정을 조절한 다음 행동에 나서겠다는 생각은 잘못된 사고방식이다.

완벽주의에
대처하는 방법

완벽주의도 '불가능한 일'을 '가능한 일'로 바꾸려는 노력의 일환이다. 현실적으로 필요한 수준에 맞춰서 적당히 생략하거나 타협하지 않고 지나치게 완벽만을 추구하면 자신이나 주위 사람들 모두 괴로울 뿐이다. 주변 사람들에게 무리한 일을 강요하는 꼴이니 이만저만한 민폐가 아니다.

특히 고민이나 문제에 사로잡히면 '이 세상에 완벽한 사람은 없다'라는 당연한 사실을 잊어버릴 때가 있다. 예를 들어, 다음과 같은 완벽주의의 신념에 대해서 생각해보자.

- 남들의 기대를 모조리 충족시켜야 한다.
- 모두의 인정을 받아야 한다.
- 모든 사람이 날 좋아해야 한다.
- 누구나 날 좋은 사람이라고 여겨야 한다.
- 남들에게 언제나 문제없고 괜찮은 사람이라는 인상을 줘야 한다.
- 어떤 일에서든 내가 이겨야 한다.
- 항상 긍정적이어야 한다.
- 일류 대학을 나와 일류 기업에 들어가야 한다.
- 일도 운동도 잘하고, 외국어도 유창하게 할 줄 알아야 한다.
- 나는 모델 체형에 하얀 피부를 가져야 하고, 내 애인은 대기업에 다녀야 하고 고급 차를 타야 한다.
- 직장에서는 완벽하게 일을 처리하고, 가정에서는 좋은 아내이자 이상적인 어머니가 되어야 한다.

실현할 수 없는 이상에 집착해서 '이래야 해'라는 사고나 완벽주의에 매달리면 고민과 문제에서 빠져나올 수 없다. 모든 방면에서 완벽을 추구하는 자신의 집착에 사로잡힐 것이 아니라, 좋은 의미에서의 애매함이나 적당함을 받아들여서 현실적인 목표를 추구하자.

'완벽한 나'는
존재하지 않는다

    누구에게나 이상과 현실 사이에 차이가 있기 마련이다. '완벽한 이상 속의 나'는 일이든 놀이든 모두 완벽하게 해내고 항상 모든 사람의 인정을 받지만, '완벽한 이상 속의 나'는 이 세상의 현실에는 존재하지 않는다. 그는 당신의 머릿속에만 존재하는 사람이다. 생각이 건전한 사람이라면 그 차이를 메워서 조금이라도 이상에 다가가려고 노력한다. 이것이 책임자의식으로 사는 사람의 자세다. 하지만 현실을 무시하고 이상에 지나칠 정도로 집착

'완벽한 나'는 존재하지 않는다

한다면 눈앞의 현실은 물론 '있는 그대로의 나'를 받아들이지 못한다.

　여기서 당신이 분명 기억할 것이 있다. 그것은 현실에서 '있는 그대로의 나'는 뜻대로 되지 않는 일 투성이에 완벽과는 거리가 먼 존재라는 사실이다. 그것이 진정한 당신의 모습이다.

　현실을 부정하지 마라. '있는 그대로의 나'를 받아들이고 물 흐르듯이 산다면 당신이 느끼는 삶의 무게가 한결 가벼워질 것이다.

'가능한 일'과 '불가능한 일'

 가능한 일

• 자신의 한계를 아는 것

• 부정적인 감정을 받아들이는 것

• 눈앞에 있는 '해야 할 일'이나 '하고 싶은 일'에 착수하는 것

 불가능한 일

• 내 기분이나 감정을 마음대로 조절하는 것

• 현실을 내 생각대로 움직이는 것

• 타인의 기분이나 평가를 내 뜻대로 바꾸는 것

행복법칙, 다섯

'내 의지'로
선택했음을 인정하고
열정적으로 산다

떨쳐내야 할 당신의 속마음 5 〉〉〉

"마지 못해 한다!"

'사실은 하고 싶지 않은데, 어쩔 수 없이 마지못해 하고 있다' 라고

스스로를 위로하면서 살아간다면

1분 1초가 부정적인 감정으로 가득 차게 된다.

반면, 무슨 일을 하든

'나는 내 의지로 ~하기로 선택한다' 라는 태도로 살아간다면

매일 열정적으로 지낼 수 있다.

충만감이나 성취감에서 비롯되는

인생의 기쁨이나 즐거움은 자신의 행동을

자기 의지로 선택하는 데서 생겨난다.

인생은
'해야 할 일'로
가득하다

우리는 수없이 많은 '해야 할 일들'에 둘러싸여 살아간다. 만약 당신이 매순간 '좋든 싫든 이 일을 해야 한다'라고 인식하면서 산다면 당신의 인생은 어떤 감정으로 가득 찰까? 예를 들어, 당신이 다음과 같은 '해야 한다' 목록을 가지고 살고 있다면 말이다.

● 매일 회사에 가야 한다.

- 반드시 영업 실적을 올려야 한다.

- 외국어를 마스터해야 한다.

- 업무 능력을 향상시키는 자격증을 따야 한다.

- 헬스클럽에라도 다녀서 건강을 유지해야 한다.

- 매일같이 요리, 세탁, 청소를 해야 한다.

마치 다른 선택의 여지 없이 이 일들을 꼭 해야 한다는 생각으로 산다면 당신의 인생은 '의무감에서 오는 압박감', '쫓기는 듯한 절박감', '안 할 수 없어서 하는 무력감' 같은 부정적인 감정으로 가득 차게 된다. 실제로 많은 사람들이 '해야 하는 일'을 머릿속에 가득 담은 채 활기도 열정도 없는 일상을 보내고 있다.

'해야만 하는 일이니 한다' 라는 생각으로 살아가는 것은 피해자의 태도다. 반면 '나는 ~하기로 선택한다' 라는 생각으로 사는 것은 책임자의 태도다. 만약 '내 의지로 이것을 하기로 선택한다' 처럼 생활에서 마주치는 해야 할 일들을 책임자의식으로 대한다면 당신의 일상에 어떤 변화가 생길까?

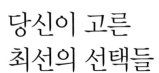

당신이 고른
최선의 선택들

사실은 하고 싶지 않은데 '나는 이걸 해야 해'라고 자신을 설득하면서 매일 반복하는 일이 있다면 하나 떠올려보자. 직장인이라면 다음의 말이 대표적일 것이다.

> • 나는 매일 회사에 가야 한다.

이 말로 자기 자신을 설득할 때 당신이 잠재의식에 전하는 메시지는 아래의 과정을 거쳐 감정을 형성하고 적극성의 강도를 결정한다.

- 사실 난 회사에 가기 싫어.

  ↓

- 그래도 가야 해.

  ↓

- 내게는 다른 선택의 여지가 없어.

  ↓

- 그러니 나는 피해자야.

하지만 '내게는 다른 선택의 여지가 없어', '나는 피해자야'라는 말은 과연 진실일까? 다음 질문에 대답해보자.

- 만약 당신이 회사에 가지 않는다면 어떤 일이 벌어질까?

아마 당신의 대답은 이럴 것이다.

- 만약 내가 회사에 가지 않는다면
  고객, 상사나 동료들에게 피해가 간다.

  ↓

- 만약 내가 고객, 상사나 동료들에게 피해를 준다면
  그로 인해 회사에서 해고당할 것이다.

  ↓

- 만약 내가 회사에서 해고당하면
  월급을 받지 못해 생활이 어려워진다.

  ↓

- 만약 생활이 어려워지면 인생의 낙오자가 된다.

  ↓

- 만약 내가 인생의 낙오자가 된다면 사는 것이 괴로워진다.

  ↓

- 나는 괴로운 인생은 싫다.

그래서 당신의 결론은 이렇다.

- 그러므로 나는 회사에 가기로 스스로 선택한다.

피해자에서 책임자로 바꾸려면?

어떤가? 회사에 가는 일만이 당신에게 주어진 유일한 선택이 아니다. 당신은 회사에 가지 않겠다는 선택을 할 수도 있다. 하지만 잠재의식의 도움을 받아 당신은 매일 성실하게 회사에 나가는 것이 최선의 선택이라고 보고 스스로 그러기로 결정했다.

같은 방식으로, 당신이 '해야 하는 일이니 한다'라고 피해자처럼 느끼며 해왔던 일을 전부 되짚어본다면 사실 어느 것이나 다 자신의 의지로 그렇게 하기로 선택했음을 알 수 있다. 어떤 결정이든 주어진 조건하에서 당신이 고른 최선의 선택이다.

인생을
몇 배로 즐기는
매우 간단한 방법

앞에서 살펴봤듯이 '해야 하니 한다'라는 마음으로 만사를 대하면 당신의 인생은 분노나 슬픔, 욕구 불만, 무력감, 절망감, 복수심 같은 부정적인 감정이 뒤따르는 경험으로 가득 차게 될 것이다.

부정적인 감정은 당신의 잠재의식이 지르는 비명이다. '해야 하니 한다'라고 생각하면서 피해자의 마음으로 사는 동안은 일에서든 놀이에서든 기쁨, 즐거움, 행복, 충만감을 느낄 수 없다. 충만감이나 성취감 같은 인생의 기쁨과 즐거움은 행동을 자기 의지로 선택하는 데서부터 생겨나기 때문이다.

이제부터는 '무엇을 하든 내 의지로 선택한다'라는 책임자의 태도로 임해보자. 그렇게 하면 매일 매일이 긍정적인 감정이 따르는 체험으로 가득 차게 될 것이다. 그리고 당신 안에 존재하는 '인생을 선택하는 힘'을 느끼면서 매일을 살아갈 수 있게 된다.

정말로 회사에 가고 싶지 않을지도 모르지만, 이유야 어떻든 결국 당신은 회사에 간다. 그렇다면 자신의 의지로 선택해서 긍정적인 기분으로 인생을 즐기는 쪽이 훨씬 이익이란 생각이 들지 않는가. '내 의지로 선택한다'라는 책임자의 태도로 행동하는 쪽이 인생을 몇 배나 즐겁게 살 수 있는 길이다.

자, 당신은 언제부터 시작하겠는가?

마음
훈련

열정적인 삶을 원하는 마음에 던지는 질문

지금 당신이 하는 일이 신나지 않다면 자신에게 이런 질문을 던져보자.

- '해야 하니 한다'는 생각으로 하고 있는가?
- 아니면 내 의지로 선택해서 시작한 일인가?
- 나는 진정 어떤 인생을 바라는가?

행복법칙, 여섯

강한 결단과
행동력으로 실패에 대한
두려움을 몰아낸다

떨쳐내야 할 당신의 속마음 6 >>>

"뭘, 어떻게 해야 하지?"

어떤 일에서든 과도하게 안전 혹은 안정을 추구하거나,

타인의 평가만 신경 쓰다 보면

실패에 대한 두려움이 커져서

중요한 결단이나 단호한 행동을 할 수 없게 된다.

당신이 성공과 행복을 손에 넣으려면

실패에 대한 두려움에서 벗어나

변화와 위험을 받아들이고,

그 경험을 통해 성장하는 법을 배워야 한다.

진정 하고
싶은 일을
찾아내는 방법

　　인생을 살다 보면 다양한 위기나 어려움이 찾아온다. 아무리 조심하고 철저히 준비해도 자신에게 일어나는 모든 사건을 사전에 예측하거나 자신의 생각대로 조절하는 일은 불가능하다. 그렇기 때문에 모든 일을 완벽하게 해내려고 하거나, 자신에게 일어나는 사건 혹은 타인의 발언과 행동에 대해 '이건 이렇게 해야만 해'라는 신념을 가지고 있으면 잠재의식은 유연성을 잃고 성장의 벽에 부딪히기 십상이다.

　　위기를 맞거나 곤란한 상황에 처했을 때 가장 먼저 해야 할

일은 그 상황을 있는 그대로 받아들이는 것이다. 그 다음에는 '가
능한 일'과 '불가능한 일'을 구별한 뒤에 불가능한 일을 바로 포
기해야 한다. 불가능한 일을 가능한 일로 바꾸려고 애쓰다 보면
생각지도 못했던 스트레스와 문제가 또 생기기 때문이다.

불가능한 일을 가능한 일로 바꾸려는 대표적인 예는 타인의
기분을 내 마음대로 바꾸려 하거나, 모든 사람에게 좋은 사람으
로 받아들여지길 바라는 것이다. 이는 '이것은 이래야 해' 신념
에서 비롯된, 현실적으로 불가능한 시도다. '이래야 해'나 '해
야만 해' 같은 비현실적인 집착을 마음에서 놓아버릴 수 있다면
당신이 진정 원하는 일이나 '진정한 나다움'이 보이기 시작할
것이다.

반면, 실제로 일어난 일에 대해 '이런 일이 있어선 안 돼',
'난 잘못한 거 없어'라고 저항하며 현실을 부정하는 것은 무리가
따르는 부자연스러운 행동이다. 이처럼 무리한 행동을 지속하다
보면 인생에서 막다른 벽에 부딪힐 뿐만 아니라 예측하지 못한 스
트레스를 받아 몸과 마음이 병들어버리게 된다.

현실을 있는 그대로 받아들이는 것. 그것은 말은 쉽지만, 그
렇게 간단한 일이 아님을 필자도 잘 안다. 어쩌면 죽음을 받아들

이는 것보다 어려운 일일 수 있다. 하지만 지금 처한 현실, 그것도 만족스럽지 않은 현실을 가볍게 받아들이지 않으면 당신은 자신이 진정 원하는 일이 무엇인지, 진정 당신다운 삶이 어떤 삶인지 알지도 못한 채 평생을 괴로운 마음으로 살지도 모른다.

기대가 너무 크면
우울해진다

우리는 인생이 언제나 쉽게 술술 풀린다거나 예측 가능한 일만 일어나는 안전한 행로라고는 생각하지 않는다. 그런데도 종종 '인생은 편하고 즐겁고 모두에게 평등하고 항상 쾌적하며 안전해야 한다'는 비현실적인 신념에 집착한다. 그 결과 사소한 고민이나 문젯거리, 실패를 마주하면 욕구 불만을 느끼거나 우울해한다. 이는 인생에 대한 비현실적인 기대로 인해 잠재의식이 피폐해지고 에너지를 상실하면서 느끼는 절망감이다.

상황이 당신의 생각대로 되지 않는다고 해서 분노나 증오의 감정을 느끼거나 낙담 혹은 절망감 속에서 인생을 보내야 할 이유는 어디에도 없다. 그보다는 자신의 사고나 행동을 현실에 맞추는 편이 더 실제적이며 합리적이다. 하지만 보통 우리는 그렇게 하지 않는다.

마음속 신념 대부분은 안전이나 안심을 손에 넣는 데는 확실히 도움이 된다. 하지만 신념 중에서 살아가면서 부딪히는 다양한 사건에 대한 비현실적인 기대, 특히 타인에 대한 기대는 대부분 당신에게 낙담을 안겨준다. 자신에게 일어난 사건, 타인의 기분이나 행동이 자신의 기대와 어긋났을 때 당신은 피해자처럼 느끼기 때문이다.

안전과 안정만 추구하면 성공과 행복은 멀어진다

세상에는 인생의 최대 목적이 '안전'이나 '안정'인 양 살아가는 사람들이 수없이 많다. 하지만 진실을 말하자면, 안전이나 안정을 목표로 해도 성공이나 행복한 인생을 손에 넣을 수 있는 확률은 지극히 적다. 인생은 그런 식, 즉 안전하고 안정적으로 흘러가지 않기 때문이다. 살아가는 데 안전이나 안정을 제일의 목표로 삼으면 당신의 기대와는 반대로 '공포'로 가득한 인생이 되기 쉽다.

진정한 성공이나 행복, 충만감이나 성취감 같은 것들은 '성장'을 실감할 수 있는 체험을 통해 다가온다. 그를 위해서는 자신이 직접 인생의 위험이나 변화의 물결을 통과해야만 한다. 사람은 굴곡 없는 평탄한 삶에서는 결코 성장하지 못한다. 또한 성공, 행복, 충만감이나 성취감을 손에 넣을 수도 없다.

많은 사람들이 "일과 사생활, 부모와 자식, 배우자나 연인과 언제까지나 변함없기를, 모든 일이 바라는 대로 이루어지기를"이라고 소원한다. 이렇듯 우리가 인생에서 안전이나 안정을 바라는 이유는, 안전이나 안정이 '안심'을 가져다준다는 잘못된 신념(믿음) 때문이다.

하지만 현실을 보면, 항상 일정한 모습으로 안정돼 있는 것은 없다. 사람이든 사물이든 모든 것은 항상 변화하며 바뀌어간다. 그 결과 안심을 얻기 위해서 안전이나 안정을 지나치게 추구하면 오히려 마음이 어지러워져서 안심을 실감할 수 없게 된다.

성공과 행복을 손에 넣는 법칙

변화와 위험을 받아들이면 성장할 수 있다

'안전한 삶을 위해 위험은 피하고 보자'는 생각으로 불만투성이인 현실을 감내한다면 성장의 기회를 잃어버리게 된다. 안전만 추구한다는 것은 '나다움을 버린다'는 의미기도 하다.

그러니 만약 마음의 평안과 안심 속에서 생활을 영위하고 싶다면 안전이나 안정을 추구할 것이 아니라 인생의 참모습, 다시 말해 '변화'나 '위험'을 받아들이고 그 경험을 통해 성장하는 법을 배워야 한다. 무슨 일이 일어날지 모른다고 미리 걱정하면 변화의 피해자가 된다. 그런 걱정은 이제 접어두고, 살면서 겪게 되는 변화나 위험을 성장의 기회로 받아들여 좀 더 적극적으로 도전해나갈 필요가 있다.

이때 '만약 실패하면 남들이 어떻게 생각할까?'와 같은 걱정은 필요없다. '변화나 위기를 받아들임으로써 안심할 수 있다'는 말은 모순처럼 들리지만, 이것이야말로 잠재의식 법칙의 핵심이며 진실이기 때문이다.

진정한 성공과 행복, 인생에서 경험하는 충만감이나 성취감을 얻으려면 다양한 사건과 직면했을 때 '무엇을 구하고 무엇을 버릴 것인가' 라는 선택을 스스로 해야만 한다. 다시 말해, 자신의 의지로 인생을 선택할 때 따르는 위험을 어느 정도까지 감수할 마음의 준비가 돼 있느냐에 따라 얻을 수 있는 성공과 행복의 정도가 다르다.

다시 말하지만, 당신의 인생에 성공과 행복을 물어다주는 것은 절대 안전이나 안정이 아니다. 당신이 자신의 의지로 인생의 위험을 받아들이고, 그 경험을 통해 성장할 때만 진정한 성공과 행복을 손에 넣을 수 있다.

무엇이
성장과 성공을
가로막는가

인생에는 보호구역이 있다. 보호구역에서 일어나는 사건이나 인간관계는 모두 이해하고 예측할 수 있기 때문에 그 안에서당신은 안심하고 지낼 수 있다. 하지만 보호구역 안에 계속 머무르려면 다른 고통을 감수해야 한다. 즉 보호구역에서 안전하게지내는 대가로 무료함이나 뭔가 부족한 느낌, 만성적인 욕구 불만으로 고민하게 된다.

보호구역에서 머무르는 대가로 무료함이나 욕구 불만과 같은 고통을 감내해야 한다는 사실을 알고 있음에도 당신을 보호구역에 붙잡아두는 것은 무엇일까? 보호구역의 바깥 구간에 지금 이상의 기쁨과 열정으로 가득한 인생이 기다리고 있다는 걸 알고 당신이 보호구역 바깥 구간으로 나오려고 할 때 그것을 방해하는 것은 무엇일까? 당신이 보호구역 밖으로 나가지 못하도록 막는 장애물의 정체, 그것은 '두려움'이다.

- 이대로의 나는 안 돼.
- 나는 성공이나 행복을 누릴 가치가 없는 인간일지 몰라.
- 이런 소심한 성격으로는 성공할 수 없을지도 몰라.
- 이 일에서 실패하면 사람들이 나를 받아들이지 않을 거야.
- 나는 학력이 모자라니까.
- 나는 예쁘지 않으니까.
- 나는 건강하지 않으니까.
- 나는 아직 너무 어려.
- 나는 나이가 너무 많아.

이와 같은, 잠재의식 속에 깊고 선명하게 새겨진 부정적인 셀프이미지가 생산하는 두려움이 당신이 보호구역 바깥으로 나가는 것을 방해하는 심리적 장애물의 정체다. 하지만 이 같은 두려움에는 실체가 없다. 두려움은 '보이기 위한 나' 뒤에 숨겨진 '부정적인 셀프이미지', 즉 머릿속에만 존재하는 상상 속 이미지와 신념이 만들어낸 허상에 불과하다.

진실과 신념은 구분돼야 한다

신념은 믿음에 지나지 않는다. 신념의 내용은 본인에게는 100퍼센트 진실처럼 느껴지지만, 그것이 진실이란 보장은 없으며 현실과 다른 경우가 대부분이다. 신념은 객관적인 사실에 근거해서 만들어진 절대적인 진실이 아니라, 많은 경우 자신이 경험한 사건을 주관적으로 해석한 뒤 부여한 개인적인 의미를 바탕으로 형성된 것이기 때문이다.

지금 당신은 자기 자신에게 이런 질문을 던져야 한다.

• 내가 진실이라고 믿는 신념은 정말로 진실인가? 아니면 주관적

인 믿음에 지나지 않는가?

- 정말로 행복해지고 싶은가? 지금처럼 살아도 괜찮은가?

- 신념의 가르침에 따라 옳게 살고 싶은가?

- 나는 어떤 인생을 원하는가?

'진실'과 단순한 '신념', 이 둘의 차이를 확실하게 구별해서 규명하는 것이야말로 소망하는 인생을 살아가는 데 필요한 매우 중요한 능력이다.

성장과 성공을
방해하는 신념과
헤어지는 법

성장과 성공을 방해하는 신념의 존재를 깨달았다면 이젠 용기를 내서 그 신념과 헤어질 결심을 해야 한다. 만약 당신이 '나는 남보다 못났다', '나는 이런 성격이라 못 해', '모두가 인정하지 않는다면 난 형편없는 인간이다' 같은 부정적인 사고나 감정에 사로잡혀 있다는 사실을 깨달았다면 지금 즉시 생각을 바꿔야 한다. 그리고 '누가 뭐라 하든 내 가치는 내가 결정한다'라고 마음속으로 강하게 다짐한다.

부정적인 사고나 감정에서 비롯된 신념은 당신의 행복을 방해하는 심리적 장애물인 동시에, 당신을 '위험'에서 지켜주는 방패이기도 하다. 여기서 위험이란 '도전해도 100퍼센트 성공할 수 있을지 모르겠다', '잘 풀리지 않는다면 사람들의 인정을 받지 못할지도 모른다'와 같은, 보호구역에서 나올 때 느끼는 두려움이다. 만약 보호구역 바깥 구간으로 뛰쳐나온 결과가 당신의 기대치에 못 미친다면 당신은 낙심하고 상처받을지도 모른다.

　이 경우, 부정적인 사고나 감정에서 비롯된 신념이 당신을 성공이나 행복에서 멀어지게 한다는 사실을 아무리 잘 알고 있다 하더라도 보호구역에서 나올 때 느끼는 두려움이나 일이 제대로 풀리지 않아서 남들에게 인정받지 못할 때의 괴로움이 훨씬 큰 고통으로 느껴질지도 모른다. 그렇기 때문에 잠재의식을 제한하는 신념과 결별하려면 커다란 용기가 필요하다.

결단과 행동만이
현실을 바꾼다

필자의 강연회를 듣던 어떤 청중이 강연 도중에 질문을 했다.

"성격이나 인생을 바꾸기 위해 남보다 갑절의 책을 읽었어요. 세미나에도 참가했죠. 그랬는데도 아무것도 변하지 않았어요. 그 이유는 무엇인가요?"

당신이 생각하는 그 이유는 무엇인가? 필자가 내린 결론은 '행동하지 않았기 때문'이다.

'반복해서 마음속에 떠올리는 것만으로 목표를 달성하는 방법'이나 '소원을 빌기만 하면 자는 동안 꿈이 이루어지는 방법' 같은 안이한 해결법은 이 세상에 존재하지 않는다. 같은 논리로, 독서를 하고 세미나에 참가해서 지식을 쌓는 것만으로는 아무런 변화도 일으킬 수 없다. 행동이 따르지 않는 지식은 아무 가치도 없기 때문이다.

당신이 진실로 성공과 행복을 손에 넣고 싶다면 '내가 정말로 바라는 것은 무엇인가?', '나는 어떤 사람이 되고 싶은가?', '그것을 위해 어디까지 하겠다는 각오가 서 있는가?'에 대해 곰곰이 생각해야 한다. 그리고 하고 싶은 일을 할 수 있는 기회가 찾아온다면 그 즉시 적극적으로 행동해야 한다. 적극적으로 위험을 받아들이길 바란다. 두려움을 치유할 수 있는 약은 '행동' 밖에 없다.

덧붙이자면, 행동할 때 중요한 것은 '결단'이다. '나는 무슨 수를 써서라도 이 일을 성공시키고 말겠다!'라고 마음속으로 강하게 결심하는 것 말이다. '일단 해봐서 잘되는지 안 되는지 상태를 보고 결정하자'는 마음은 이미 틀렸다. 이미 도망갈 자리를 남겨두고 시작하려는 마음자세이기 때문이다.

결단을 내리는 사람이 되자!

'최선'과 '노력'은 마음에서 지워라

인생에서 뭔가 커다란 목표를 달성하고 싶다면 당신이 쓰는 말에서 '해본다', '최선을 다한다', '노력한다' 같은 단어를 지워버려야 한다. "최선을 다해 해보겠습니다", "노력해서 할 수 있는 데까지 해보겠습니다"라고 말하는 동안에는 목표 달성을 하겠다는 결단을 내리지 못한다. '실패해도 어쩔 수 없지'라고 마음속 어딘가에서 무의식적으로 생각하고 있기 때문이다. 그런 식으로 도망칠 구멍부터 마련해놓자는 마음이 '해보겠습니다', '최선을 다하겠습니다', '노력하겠습니다'라는 말로 나타나는 것이다.

잠재의식은 당신이 목표 달성을 위해 얼마나 진지한 마음으로 달려드는지 냉정하게 살피고 있다. 당신이 강한 결의를 품고 진심으로 목표 달성에 매진하지 않는 한 잠재의식은 당신 편이 돼주지 않는다. 그렇게 되면 잠재의식은 활력을 잃고 '의욕이 솟지 않는다', '집중력이 지속되지 않는다', '인내력이 유지되지 않는다', '아직 꼭 해야 하는 일인지 확신이 안 선다' 같은 증상이 당신의 삶 곳곳에서 생기기 시작한다.

반대로, '해본다', '최선을 다한다', '노력한다' 같은 애매한 표현을 당신의 생활에서 지워버린다면 당신은 결단을 내리는 사람이 될 수 있다. 결단을 내리는 사람으로 바뀔 수 있다면 틀림없이 더 큰 꿈과 목표를 더 빨리 더 확실하게 실현할 수 있을 것이다.

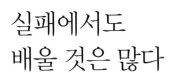

실패에서도
배울 것은 많다

'아직 너무 빨라.' '조금만 더 경험을 쌓은 다음에 하자.' '제대로 준비를 끝내고서 시작하자.' 이런 식으로 생각하면 제대로 경험을 쌓고 준비도 철저하게 해서 시작하기에 딱 좋은 타이밍 같은 것은 아무리 기다려도 찾아오지 않는다. 그럼에도 불구하고 많은 사람들이 이런 식으로 완벽을 목표로 하면서 귀중한 시간을 헛되이 흘려보내고 있다.

완벽을 목표로 하면 당신은 예외 없이 자신의 가능성을 스스로 제한하게 된다. 특히 새로운 시도나 서툰 일에 대한 도전을 포기하고 되도록 위험을 피하려 한다. 완벽주의의 배후에는 '실패에 대한 두려움'이 존재하기 때문이다. 그런데 '실패'라는 것은 현실 세계에는 존재하지 않는다. 실패란 현실의 사건을 당신이 받아들이는 방식이지, 사실이 아니다. 단순한 인지의 문제, 의미 부여에 지나지 않는다. 즉, 실패는 당신의 머릿속에서만 존재한다. 만약 '이건 실패다'라고 생각되는 사건을 경험하더라도 당신은 어떤 경험에서든 배울 수 있다. 그리고 그 교훈을 다음 번 새로운 도전 때 살릴 수 있다면 당신은 다시 한 걸음 목표에 다가갈 수 있다.

실패에서 배우고 성장하기 위한 3가지 질문

실패를 배움의 기회로 바꾸려면 자신에게 다음과 같은 질문을 던져보면 도움이 된다.

- 이번 실패에 긍정적인 면이 있다면 그것은 무엇일까?
- 나는 이 실패에서 무엇을 배웠을까(혹은 뭔가를 배웠을지도 모른다)?

● 이 실패를 경험함으로써 긴 안목으로 볼 때 더 빨리 목표에 다
  가갈 수 있게 되었을 가능성은 없을까?

   만약 갑자기 회사에서 해고되어 직장을 잃었거나, 바라지 않
은 이혼을 해야 하는 상황에 저했다면 당신은 어떤 식으로 반응할
까? "왜 내가 이런 꼴을 당해야 해?", "누구 때문에 이렇게 된 거
야?"라며 마음속으로 비생산적인 질문을 반복하면서 힘없이 어
깨를 늘어뜨리고 부정적인 감정과 함께 하루하루를 보낼 것인가?
아니면 "난 이 경험에서 무엇을 배울 수 있을까?", "이 경험에서
얻은 교훈을 활용해서 긴 안목으로 보았을 때 지금 이상으로 행복
한 인생을 손에 넣을 수 있는 가능성은 없을까?", "나는 지금 어
떻게 하고 싶은가?", "그렇게 하기 위해서 지금 당장 할 수 있는
일은 뭘까?"라고 실패 경험을 배움으로 바꿔서 더 훌륭하고 이상
적인 미래를 향해 전진할 것인가?
   중요한 것은 성공했느냐 실패했느냐 하는 당신 머릿속에서
만들어낸 판단이나 해석이 아니라 당신이 그 경험을 통해 무엇을
배우고 그 교훈을 어떤 식으로 앞으로의 인생에서 살려나갈 수 있
느냐 하는 점이다.

현실은
선택과 행동의
결과다

우리는 어떤 희생을 치르더라도 자신을 옳고 훌륭하게 보이고 싶어 하는 경향이 있다. 만약 자신의 생각대로 일이 진행되지 않을 때는 타인을 비난하거나 운을 탓한다고 하자. 이런 태도는 당신을 그 즉시 피해자 입장으로 돌려놓는다. 그렇게 되면 피해자가 된 잠재의식은 자유와 힘을 빼앗기고, 당신은 바람직한 선택이나 행동을 할 수 없게 된다.

당신이 본래 지닌 잠재력을 충분히 발휘하려면 적극적으로 책임자의 입장에 설 필요가 있다. 즉, '모든 것은 내 선택과 행동이 만들어낸 결과'라고 생각하는 것이다. 책임자의 입장에서 인생을 살아가려면 자신에게 다음의 질문을 던지면 도움이 된다.

● 내가 만들어낸 결과와 내가 정당화한 것 중에서 나는 어느 쪽으로 결심하고 있는가?

결심이란 '나는 반드시 해내고 만다. 그 이외의 선택은 절대로 받아들이지 않겠다'라고 마음속으로 굳게 결정하는 것이다. '내가 만들어낸 결과'라고 결심하면 설사 제대로 풀리지 않는 일이 있다 해도 자신을 정당화하기 위한 변명이 필요없다.

또한 결과를 만든 범인을 색출할 필요없이 내 선택이나 행동이 어떻게 해서 결과를 만들어냈는가를 있는 그대로 정직한 눈으로 응시할 수 있다. 자신의 힘으로 인생에 변화를 일으키려면 일이 잘 안 풀린 이유나 궁색한 변명은 내버려두고, 자신이 바라는 결과에 온 마음을 쏟아야 한다.

살을 빼고 싶다고 바라면서도 과식하는 이유

우리는 무의식중에 항상 뭔가를 결심한다. 하지만 입으로 '결심했다'라고 말한다고 해서 우리가 반드시 진짜로 결심했다고는 볼 수 없다. 자기 자신이야 확실하게 결심했다고 생각하지만, 실제로는 그렇지 않은 경우도 있다.

"내가 진짜로 결심한다는 것은 무엇인가?" 그것을 알 수 있는 방법이 있다. 바로 '결과를 관찰'하면 된다.

타인이나 자신이 사실은 무엇에 대해 결심하고 있는지는 도출된 결과를 보면 일목요연하게 알 수 있다. 만약 당신이 입으로는 "살을 빼야 해, 얼른 빼야 해"라고 말하면서도 고칼로리 음식이나 케이크를 계속 먹어댄다면 그것은 당신이 먹기로 결심했기 때문이다. '내가 만들어낸 결과를 관찰해서 내 결심의 정도를 측정한다'라는 삶의 태도는 '내가 만들어낸 결과에 대한 모든 책임을 진다'라는 책임자의식으로 인생을 사는 방식이기도 하다.

만약 당신이 배우자나 회사의 상사, 동료들로부터 장기간에 걸쳐 부당한 대우를 받아왔다면 그것은 당신이 '나는 부당한 대우를 받아도 마땅하다'라고 결심했기 때문이다. 행복한 인생을 살자고 진심으로 결심했다면 자신을 불행하게 만드는 상황을 '용납하지 말아야 한다. 자신을 불행하게 하는 상황을 내버려두는 행동은 부정적인 셀프이미지가 모습을 바꿔서 나타난 것이며, 그 배경에는 '나는 불행해져도 어쩔 수 없는 존재다'라는 부정적인 신념이 존재한다.

100% 결심해야 잠재력이 충분히 발휘된다

지금 당신은 어떤 인생을 결심하고 있는가? 정말로 행복한 인생을 살자고 마음속으로 강하게 결정하고 있는가? 아니면, 입으로는 '행복해지고 싶다'라고 말하면서도 사실은 피해자 입장에 서서 불행한 인생을 받아들이고 있는가? 내가 도대체 무엇에 대해 결심하였는지를 명확하게 안다면 앞으로 어떤 행동을 취해야 할지도 알 수 있다.

사람들은 자신이 기대한 결과를 얻지 못했을 때 보통 피해자 입장에 서서 다른 사람이나 환경을 비난하거나 운을 탓하기 쉽다. 하지만 이런 경우, 당신이 기대했던 것의 결과를 얻지 못한 진정한 이유는 당신이 100퍼센트 진심으로 결심하지 않았기 때문이다. 그러니 목표 달성을 향해서 출발할 때, 바라는 결과에 대해서 자신이 진심으로 결심했는지 아닌지를 확인하자. 만약 100퍼센트 결심을 하지 않으면 잠재의식은 잠재력을 최대한으로 발휘하지 않는다는 사실을 알아야 한다.

행동만이
당신의 인생을
바꿀 수 있다

우리는 정말로 하고 싶은 일, 정말 중요한 일일수록 뒤로 미루려고 한다.

- 지금은 준비 중이니까.
- 아직 경험이 부족해서.
- 먼저 할 일이 있으니까.

이런 식으로 중요한 일을 뒤로 미루는 이유는, 자신에게 주어진 인생이란 시간에 마감이 있다는 사실을 잊어버리기 때문이다.

이 세상에서 살아갈 수 있도록 주어진 시간이 당신의 인생이다.

주위를 둘러보자. 나무, 꽃, 동물과 곤충들. 모두 살아 있다. 하지만 언젠가 모두 죽는다. 당신도 반드시 언젠가는 죽는다. 당신의 소중한 사람들도 언젠가는 반드시 죽는다.

하지만 자신이 언제 죽을지 아는 사람은 아무도 없다. 몇십 년이나 더 살지도 모르고 내일 죽을지도 모른다. 이것만은 아무도 모른다. 하지만 우리는 평소에 그런 일이 결코 나한테만은 일어나지 않는다는 듯이 생활하고 있다. 하지만 현실에는, 내게 주어진 한정된 인생의 시간 속에서 끝내야만 하는 수많은 일이 존재한다.

지금 당신이 바쁘게 매일같이 하고 있는 일의 '현재 상황의 종착지'는 어디인가?

수많은 사람들이 '더 행복해지고 싶다', '더 기쁨과 열정으로 가득한 인생을 보내고 싶다'라고 말한다. 하지만 지금 하는 일을 앞으로도 매일같이 5년, 10년, 20년을 계속했을 때 미래에 기다리고 있는 것이 무엇일지 생각해본 적 있는가? 지금 당신이 매일 하는 일을 계속했을 때 당신은 어떤 인생을 손에 넣을 수 있을까? 이에 대해 생각해본 적 있는가?

당신에게 묻겠다.

"지금 당장 행동으로 옮겨야 하는 일은 무엇인가?"

지금까지 해온 삶의 방식을 바꿀 필요가 있지 않을까? 만약 그 사실을 깨달았다면 지금 당장 행동하기 바란다. 인생에 차이를 만들어낼 수 있는 것은 지식도 깨달음도 아닌 구체적인 행동뿐이란 사실을 잊지 말기 바란다.

당 신을 향한
잠 재 의 식 의 응 원

당신은 "더 성공하고 싶어", "더 행복해지고 싶어", "더 부자가 되고 싶어"라고 말은 하면서 마음속으로는 '사실 안 돼도 할 수 없지' 라고 생각하고 있지는 않은가?

아니면 '나는 무슨 일이 있어도 바라는 결과를 손에 넣을 때까지 절대 포기하지 않을 거야!' 라고 결심이 서 있는가?

잠재의식은 그 차이를 분명하게 체크하고 당신이 더 행복하기를 응원하고 있다.

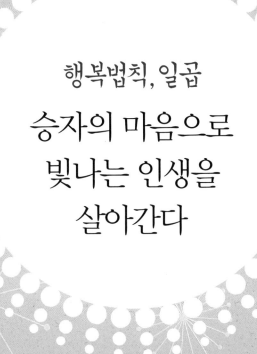

행복법칙, 일곱

승자의 마음으로
빛나는 인생을
살아간다

떨쳐내야 할 당신의 속마음 7 >>>

"난 이것밖에 안 되는 인간이야…"

인생에서의 행복한 승자는

'나는 멋진 인생에 어울리는 사람이야' 라고 믿으며

자신의 잠재된 능력을 충분히 발휘한다.

반면, 인생의 패자는

마음 한편에 '나는 이것밖에 안 되는 사람' 이라는

신념이 자리잡고 있어

잠재된 능력이나 가능성이 충분히 발휘되지 못한다.

당신은 어느 쪽에 속하는가?

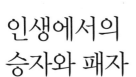

인생에서의
승자와 패자

적극적으로 자기 인생의 주인공이 되어 책임자 입장에서 잠재된 능력과 가능성을 충분히 발휘하는 사람을 '인생의 승자'라고 한다. 정말로 하고 싶은 일이나 좋아하는 일에 도전해서 충실하고 행복한 인생을 만들어내는 사람, 자신만의 꿈과 목표를 자신만의 방법으로 추구하며 활기찬 인생을 사는 사람, 이런 사람들이 인생의 승자다.

인생의 승자로 산다는 것이 반드시 편하고 쉽기만 한 것은 아니다. 그에 상응하는 노력을 해야 한다. 하지만 그 노력은 절대 당신을 배신하지 않으며, 더불어 당신의 인생에 자유와 힘, 최고의 기쁨과 행복을 가져다준다.

반면에 잠재된 능력이나 가능성을 발휘하지 못하고, 납득이 안 가는 삶의 방식을 반복하며, 불평과 불만을 품고 있으면서도 현실과 타협하며 살아가는 사람을 '인생의 패자'라고 한다. 주로 불쌍한 피해자 역할을 연기하며, 화를 내면서 타인을 탓하거나 자신을 탓하다 우울해하는 사람, 무슨 수를 써서라도 이루고 싶은 꿈과 목표가 있는데도 도전하지 못하고 뒤로 미루기만 하는 사람, '성공하고 싶다', '행복해지고 싶다', '부자가 되고 싶다', '인생을 바꾸고 싶다'라고 입버릇처럼 말하면서도 목표 달성을 위해 그저 고민만 하는 사람, 이런 사람들이 인생의 패자다.

인생의 패자로 사는 것은 어찌보면 편한 삶이다. 특별한 노력이 필요 없다. 그저 상황의 흐름에 몸을 맡기고 기존의 방식을 반복하기만 하면 된다. 하지만 이러한 편안함은 수명이 지극히 짧다는 것이 문제다. 긴 안목에서 보면 이러한 편안함은 당신의 인생을 파괴하고 결국에는 당신의 인생에 비참함과 후회만을 남긴다.

지금 인생의 승자로 살고 있는지, 아니면 인생의 패자로 살고 있는지에 대해서 생각해보는 것은 매우 중요하다. 당신의 가슴에 손을 얹고 생각해보라.

선택하는 순간 운명이 결정된다

당신은 꿈이나 목표를 실현하고 싶은가? 빛나는 성공이나 행복으로 충만한 인생을 자신의 손으로 붙잡고 싶은가? 지금 당신을 불행하게 만드는 고민이나 문제를 진심으로 해결하고 싶은가?

정말로 온 마음으로 그렇게 소원한다면 당신은 인생의 승자로 사는 길을 선택해야 한다. 적극적으로 인생의 주인공이 되어 책임자의식으로 살아갈 것을, 그리고 잠재된 능력과 가능성을 최대한으로 발휘해서 항상 최고의 결과를 목표로 노력할 것을 결심해야 한다.

인생이란 선택의 연속이다. 지금 살고 있는 인생은 과거의 선택과 행동에 의해 모두 당신 스스로 만들어낸 것이다. 당신이 선택하는 순간 당신의 운명은 형태를 갖춘다.

앞으로의 인생과 운명 역시 모두 당신의 선택에 달려 있다. 당신은 결코 인생의 패자로 살아가는 길을 선택하지 않을 것이라 믿는다. 인생의 패자로 사는 것은 단기적으로는 편할지 모르지만, 긴 안목에서 보면 인생을 파괴하며 마지막에는 고통을 가져다준다는 사실을 당신은 알고 있기 때문이다.

이제 당신은 인생의 승자로 살아가는 것을 선택해야 한다. 인생의 승자로 살아가려면 노력이 필요하지만, 그 노력에는 충분한 가치가 있다.

'나를 바꾸면
인생이 바뀐다'는
착각

혹 당신은 어떻게 해서든 마음에 들지 않는 외모나 부족한 능력, 형편없거나 싫은 부분을 바꾸고 싶은가? '나를 바꾸면 인생이 바뀐다' 라는 생각을 하면서 말이다.

특히 자신과 타인을 비교할 때 이렇게 생각하고 있지는 않은지 생각해보라.

• 어떻게 하면 싫은 곳이나 형편없는 부분을 없앨 수 있을까?

- 어떻게 하면 내 결점이나 불완전한 곳을 고칠 수 있을까?
- 어떻게 하면 완벽한 나로 변화해서 행복한 인생을 보낼 수 있을까?

위의 고민들에 대해 당신이 줄곧 찾아왔던 해답이 여기에 있다.

- 그런 생각은 모두 잊어버려라.

당신은 본질적으로 바뀌지 않는다. 영원히 바뀌지 않을 것이다. 당신은 과거에도, 지금도, 그리고 앞으로도 쭉 영원히 당신 자신으로 살아갈 수밖에 없다. 만약 완벽한 직장을 찾고, 완벽한 몸을 원하고, 배우자나 아이들을 완벽하게 다루려고 시도하며 완벽한 인생을 구한다면, 당신의 인생은 확실하게 스트레스로 가득 차게 될 것이고, 결국 스스로 실패자라고 느끼게 될 것이다.

도대체 완벽이란 무엇인가? '완벽하지 않은 나는 안 돼'라고 당신이 믿게 된 것은 언제부터였을까? 하지만 시기와는 상관없이, 진실은 오로지 "있는 그대로의 당신은 이미 완벽한 존재

'있는 그대로의 나'에 OK 사인을 보낸다

다"뿐이다.

당신의 어디에도 나쁜 곳은 없다. 부족한 곳도 없다. 있는 그
대로의 당신은 이미 완벽하게 기능하고 있다. 당신이 인생에서
완벽을 구하는 것은, 마음속 어딘가에서 '인생에는 올바른 삶의
방식이 따로 있다'라는 잘못된 신념을 믿고 있기 때문이다.

올바른 방식의 인생 같은 것은 어디에도 존재하지 않는다.
마찬가지로 올바른 자신 같은 것도 존재하지 않는다. 당신도 예
외는 아니다. 당신에게는 장점도 있고 단점도 있지만, 있는 그대
로의 당신은 이미 완벽한 존재다.

당신의 멋진 점에
눈을 돌릴 때

　　지금까지 오랫동안 당신이 고민해왔던 문제가 있는가? 있다면 그 이유는 그 문제에만 유독 생각의 초점을 맞췄기 때문이다.

　　'저항할수록 오래 지속된다'라는 법칙이 있다. 자신의 결점이 너무 싫어서 견딜 수 없다고 부정하면 그 결점은 더욱 강하게 의식되고 오래 지속된다. 또한 그 결점에 초점을 맞추면 차츰 그것만 보이게 되고, 마침내는 그 결점이 당신의 인생 전체를 지배하게 되어 '이것만 없으면 더 좋아질 수 있을 텐데…'라는 생각을 하게 만든다.

만약 결점 대신 자신의 장점에 초점을 맞춘다면 인생은 어떻게 바뀔까? 만약 있는 그대로의 당신을 깊고도 완전하게 받아들여서 자신의 멋진 점에 초점을 맞춘다면 당신은 어떤 감정으로 하루하루를 살게 될까?

만약 완벽이나 올바름을 추구해서 자신의 결점이나 부족한 부분에 초점을 맞춘다면 '이대로의 나는 안 된다'라고 느끼고 '아직 부족해', '더 원해'라며 불만을 느끼면서 인생을 살게 된다. 반면, 피할 길 없는 변화를 받아들이고 자신이 얼마나 멋진 존재인지에 초점을 맞춘다면 기쁨과 열정으로 가득한 인생이 손에 들어온다.

눈앞 두 갈래의 길, 어느 쪽을 선택할 것인가

당신은, 있는 그대로의 당신 자신이다.

당신은, 당신으로서 이 세상에 태어났다.

당신은, 앞으로도 쭉 전혀 다른 사람으로 바뀔 일이 절대 없다.

'인생의 승자'로 가는 길

인생이란 선택의 연속이라고 한 말을 기억하는가? 여기에 당신에게 주어진 두 가지 선택이 있다.

- '있는 그대로의 나'에 계속 저항하며, 자신의 결점이나 부족한 곳에 초점을 맞추고, 완벽한 자신이 될 때까지 그것들을 채우기 위해 끝나지 않을 노력을 영원히 계속한다.
- '장점과 단점을 모두 지닌 나'를 온전히 받아들이고, 자신의 멋진 부분에 초점을 맞춰서 '있는 그대로의 나'의 모습에 기쁨을 느낀다.

만약 두 번째를 선택한다면 당신은 커다란 심호흡을 함과 동시에 어깨의 짐을 내려놓은 듯한 시원함을 느끼게 될 것이다. 더이상 나 이외의 누군가가 되려 하거나 불가능한 일을 억지로 하려고 노력할 필요도 없다. 남의 기대에 부응하기 위해서 자신을 희생하거나 필사적으로 남의 인정을 받으려 할 필요도 없다. 오로지 자신이 하고 싶은 일에 도전해서 기쁨과 열정을 느끼고, 충실하고 나다운 인생을 살아갈 수 있다.

당신을 기다리는
더 나은 인생

당신은 바뀌지 않는다. 당신은 바뀔 필요가 없다.

왜냐하면 당신은 이미 완벽한 존재이기 때문이다.

즉 당신은 완벽하게 기능하고 있다.

당신이 본질적으로 바뀔 일은 없지만, 그래도 당신은 인생의 책임자로서 자신의 의지로 한 선택을 통해 인생을 더 낫게 바꿔갈 수있다. 성공과 행복에서 멀어지게 만드는 부정적인 신념과 결별할 수도 있다. 스스로 자신에게 부과한 부정적인 셀프이미지라는 제한과 한계를 뛰어넘는 일도 가능하다.

지금 당신은 인생의 책임자로서 행복한 인생을 살지, 아니면 자신에게 일어나는 사건의 피해자가 되어 고통으로 가득한 인생을 계속 살아갈지를 선택해야 한다. 당신은 어느 쪽을 선택하겠는가?

'있는 그대로의 나'를 온전히 받아들여서 인생의 책임자로서 사는길에는 분명 엄청난 기쁨과 열정으로 가득 찬 당신만의 인생이 기다리고 있을 것이다.

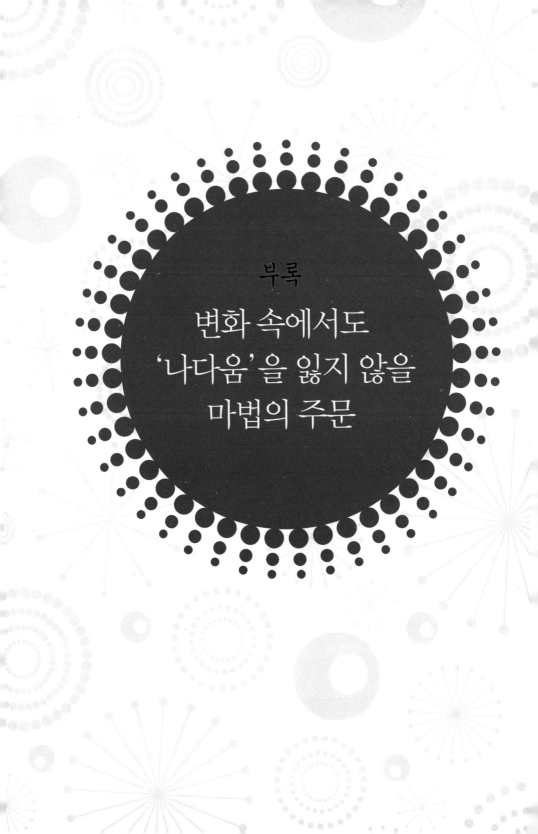

부록

변화 속에서도
'나다움'을 잃지 않을
마법의 주문

이 내용을 매일 마음속으로 되뇌이다 보면

당신도 모르는 사이에 삶의 다양한 분야에서

긍정적인 변화가 일어나기 시작한다.

조용한 장소에서 눈을 감고 심호흡을 해

몸과 마음의 긴장을 풀어준 뒤에

아래 글을 마음속으로 되뇌이면서

하라는 대로 하기만 하면 된다.

그저 눈으로만 따라 읽지 말고 메시지의 내용에

정신을 집중해서 온 마음으로 읽도록 한다.

처음 한 달간은 적어도 하루에 한 번씩 매일 읽고,

첫 한 달이 지난 뒤에도

일주일에 2~3회의 빈도로 읽기를 바란다.

릴랙스 호흡
✚
마음 비우기

우선, 편안한 자세로 의자에 앉으십시오.

양 다리는 가볍게 벌리고 발은 바닥에 내려놓습니다.

양손은 손바닥을 위로 향하게 해서 허벅지 위에 가볍게 내려놓습니다.

준비가 되면 살며시 눈을 감고 입가를 느슨하게 풉니다.

머리 꼭대기에서 발끝까지 전신의 힘을 빼고,

아무 생각도 하지 말고 머릿속을 비우고 이 글에만 집중합니다.

이제부터 지시를 합니다.

천천히 복식호흡으로 심호흡을 합니다.

코로 고요히 숨을 크게 들이마시고,

한 호흡 쉬었다가 천천히 입으로 내뱉습니다.

다시 한 번, 코로 조용히 숨을 크게 들이마시고,

한 호흡 쉬었다가 천천히 길게 입으로 숨을 내뱉습니다.

마지막으로 다시 한 번 코로 고요히 크게 숨을 들이마시고,

한 호흡 쉬었다가 천천히 길게 입으로 숨을 내뱉습니다.

모두 내뱉습니다.

이런 식으로 심호흡을 하고 있노라면 차츰 마음과 몸에서

긴장이 사라지면서 편안해지고 차분해진다는 사실을 느낄 수 있습니다.

마음과 몸의 긴장이 풀리면 평소의 호흡으로 돌아갑니다.

이제는 각자가 편한 속도로 호흡하면 됩니다.

느긋하고 편안한 호흡을 유지합니다.

이제부터 제가 10에서 1까지 거꾸로 수를 세겠습니다.

제가 수를 하나씩 셀 때마다 당신은 더욱 깊이 릴랙스됩니다.

열.

눈 주위의 모든 근육과 신경이 풀어지며 깊이 릴랙스됩니다.

아홉.

턱, 볼, 그리고 얼굴 전체의 근육이 릴랙스되어

멍한 느낌이 얼굴 전체로 퍼집니다.

여덟.

목도 어깨도 릴랙스됩니다. 릴랙스되는 대로 몸을 맡깁니다.

일곱.

점점 기분 좋은 느낌이 몸 아래쪽으로 내려갑니다.

여섯.

릴랙스된 느낌이 팔과 손까지 흘러들어갑니다.

다섯.

그대로 깊이, 깊이 릴랙스돼가는 대로 몸을 맡깁니다.

넷.

가슴이나 등도 느슨해지며 풀어집니다.

셋.

호흡은 매우 자연스럽습니다.

매우 편안한 호흡이 배 주변에서 반복됩니다.

둘.

점점 몸에서 힘이 빠져나가며 편안한 느낌이 깊이 깊이 퍼집니다.

하나.

허리도 편안합니다. 양 다리에서도 힘이 빠집니다.

자, 모든 긴장을 풉시다.

기분 좋은 느낌, 자유로운 느낌이 가득 차올라옵니다.

그대로 릴랙스돼가는 대로 몸을 맡기고

마음이 자유로이 흘러가도록 놔둡니다.

지금 당신은 완전히 이완되어 매우 기분이 좋습니다.

전신의 힘이 빠져서

몸이 무겁고 따뜻해지는 느낌을 받을 것입니다.

혹은 자신의 호흡이 느리고 깊어졌다고 느낄지도 모릅니다.

지금 당신은 마음도 몸도 편안하게 휴식하고 있습니다.

당신이 원한다면 언제까지나

이런 기분 좋은 상태로 있을 수 있습니다.

계속합시다.

구체적 상상
+
승자의 길

자, 제 목소리에 마음을 집중해주십시오.

당신은 당신에게만 있는

독특한 가능성과 능력을 지니고 있습니다.

그러니 당신은 당신에게만 있는 힘을 발휘해서

당신만의 인생을 살 수 있습니다.

당신은, 당신이 지금 살고 있는 인생이

당신이 과거에 선택해서 한 행동에 의해

모두 스스로 만들어낸 것임을 알고 있습니다.

소유한 것들, 소속된 조직, 주변의 인간관계 등

당신이 지금 손에 넣고 있는 것들은 모두

당신이 과거에 선택해서 스스로 결정한 결과입니다.

언제 어디서 누구와 무엇을 하며 살 것인가.

무엇을 말할 것인가.

무엇을 말하지 않을 것인가.

무엇을 할 것인가.

무엇을 하지 않을 것인가.

무엇을 믿고 무엇을 소중히 여길 것인가.

무엇을 포기하고 무엇을 추구할 것인가.

어떤 사람이 될 것인가.

누구를 위해 무엇을 위해 공헌할 것인가.

이들은 모두 당신이 지금까지의 인생에서 선택해온 것들입니다.

그리고 이제부터 다가올 당신의 인생, 당신의 운명 역시

모두 당신이 무엇을 선택하느냐에 달려 있습니다.

자, 상상 속에서 이런 장면을 떠올려봅시다.

당신은 지금 인생의 갈림길에 서 있습니다.

당신의 눈앞에서 길이 두 갈래로 나뉘어 있습니다.

왼쪽 길은 완만한 내리막길입니다.

그것은 인생의 패자가 걷는 길입니다.

패자의 길은 편한 길입니다.

그저 길을 따라 완만한 경사로를 내려가기만 하면 됩니다.

패자의 길은 편한 길이지만,

사실 그것은 당신의 인생을 비참하게 만듭니다.

불쌍한 피해자의 역할을 연기함으로써 타인을 탓하면서

화를 내거나 자신을 탓하면서 우울해하는,

인생의 패자가 살아가는 방식입니다.

패자의 길을 걷는 것은 단기적으로 보면 편해 보이지만,

긴 안목에서 보면

당신의 인생을 파괴해 결국에는 고통을 안겨줍니다.

오른쪽 길은 오르막길입니다.

그것은 인생의 승자가 걷는 길입니다.

승자의 길은 꼭 편안하기만 한 길은 아닙니다.

승자의 길을 가려면 오르막길을 오르려는 노력이 필요합니다.

승자의 길은 빛나는 성공이나

행복으로 충만한 인생으로 이어집니다.

적극적으로 책임자의 입장에 섬으로써

자기 인생의 주인공이 되는, 이것이야말로

인생의 승자가 사는 방식입니다.

승자의 길을 걷는 것은 단기적으로는 노력이 필요하지만,

그것은 당신의 인생에 궁극적인 기쁨과 충만감을 안겨줍니다.

왼쪽 길, 패자의 길을 떠올려주십시오.

패자의 길로 들어서는 것은

자신이 지닌 능력이나 가능성을 발휘하지 않고,

불평이나 불만을 가진 채로 현실과 타협하면서

살아가는 방식입니다.

당신이 지금 지닌 고민이나 문제, 불평이나 불만,

현재의 당신이 느끼는 제한이나 한계를

모두 안고 살아가는 것을 의미합니다.

앞으로도 줄곧 긴 미래에 걸쳐 그 고통은 계속됩니다.

당신은 알고 있습니다.

인생이란 선택의 연속이며,

당신이 선택하는 순간 운명은 형태를 갖춥니다.

그래서 당신은 결코 패자의 길을 선택하지 않습니다.

패자의 길을 선택하면 단기적으로는 편하겠지만,

긴 안목에서 보면 자신의 인생을 파괴해

결국에는 고통을 안겨준다는 사실을

당신은 알고 있기 때문입니다.

다음은 오른쪽 길, 승자의 길을 떠올려주십시오.

승자의 길로 들어서는 것은

자신이 지닌 능력이나 가능성을 100% 발휘해서,

항상 최고의 인생을 목표로 살아가는 방식입니다.

당신은 알고 있습니다.

인생이란 선택의 연속이며,

당신이 선택하는 순간 운명은 형태를 갖춥니다.

그래서 당신은 항상 승자의 길을 선택합니다.

승자의 길을 선택하면 단기적으로는 노력이 필요하지만,

그 노력에는 충분한 가치가 있다는 사실을

당신은 이미 알고 있습니다.

자기 암시
+
나다운 선택

이제부터는 암시의 말입니다.

당신은 제 말을 바로 뒤따라하면서,

제가 하는 암시의 말이

당신의 마음속 깊은 곳까지 스며들도록 반복합니다.

그럼 시작합니다.

나는 인생의 승자로 살아가기를 선택한다.

내게 필요한 힘은 모두 내 안에 지니고 있다.

나는 내 인생의 주인공으로서 적극적으로 책임자의 입장에 선다.

나는 원하는 것은 스스로 만들어내는 사람이다.

나는 기회가 찾아오면 그 즉시 행동하는 사람이다.

나는 자진해서 위험과 변화를 받아들이는 사람이다.

나는 정말로 원하는 것은 결코 포기하지 않는 사람이다.

나는 스스로 하겠다고

결정한 일은 반드시 해내고 마는 '결심하는 사람'이다.

자, 다시 한 번 반복합니다.

나는 인생의 승자로 살아가기를 선택한다.

내게 필요한 힘은 모두 내 안에 지니고 있다.

나는 내 인생의 주인공으로서 적극적으로 책임자의 입장에 선다.

나는 원하는 것은 스스로 만들어내는 사람이다.

나는 기회가 찾아오면 그 즉시 행동하는 사람이다.

나는 자진해서 위험과 변화를 받아들이는 사람이다.

나는 정말로 원하는 것은 결코 포기하지 않는 사람이다.

나는 스스로 하겠다고 결정한 일은

반드시 해내고 마는 '결심하는 사람'이다.

결단과 행동
+
마무리

이제 제가 수를 거꾸로 다섯을 세면,

처음에 나온 인생의 갈림길로 돌아갑니다.

다섯.

넷.

셋.

둘.

하나.

자, 처음에 나온 인생의 갈림길로 돌아왔습니다.

당신은 '새로운 나'로 바뀔 마음의 준비가 끝났습니다.

'나는 반드시 바뀐다' 그런 확신을

자신의 내부에서 느낄 수 있습니다.

지금의 당신은 다릅니다.

당신의 인생은 당신이 스스로 선택할 수 있습니다.

왜냐하면, 당신은 인생의 승자로 살아갈 것을

선택했기 때문입니다.

마음으로 강하게 결심함으로써 앞으로의 나날에서 모든 면에서

당신의 인생이 변화해가는 것을 깨달을 것입니다.

그리고 당신이 오늘 상상 속에서 체험한 일은

앞으로 일상생활에서도 실제로 행동할 수 있게 됩니다.

그 사실을 마음속 깊은 곳에서 확실하게 기억해주십시오.

자, 슬슬 끝을 내야 할 시간입니다.

이제부터 제가 수를 1에서 10까지 세겠습니다.

수를 하나씩 셀 때마다 의식이 점점 돌아옵니다.

하나, 둘, 셋.

당신의 몸에 점점 힘이 돌아옵니다.

넷, 다섯, 여섯.

깊고 편안한 잠을 잔 후 깨어나는 아침 같습니다.

일곱.

점점 돌아옵니다.

여덟.

눈앞도 밝아옵니다.

아홉.

머릿속도 시원하고 또렷해집니다.

열.

상쾌한 기분으로 눈을 뜹니다.

자신의 뜻에 충실하라.
무엇이 좋고 필요한지를 결정하는 것은
다른 사람의 말이나 행동이 아니라
오직 자기 자신의 마음뿐이다.

_ 톨스토이

참고문헌

- 인생이 바뀌는 '잠재의식' 다시 쓰기 (다나다 가츠히코·야마토출판)

- 다나다식 NLP 세미나 텍스트 '비즈니스 프로페셔널 & 라이프마스터 코스'
  (다나다 가츠히코·주식회사 뷰티풀마인드)

- 모리다 요법의 모든 것을 알려주는 책 (기타니시 겐지 감수·고단샤)

- Loving What Is : Four Questions That Can Change Your Life (Byron
  Katie, Three Rivers Press)

- Living an Extraordinary Life (Robert White, Extraordinary Resources)

- Core Transformation : Reaching the Wellspring Within (Connirae
  Andreas, Real People Press)

- What You Think of Me is None of My Business (Terry Cole–Whittaker,
  Jove)

- How to Have More in a Have–Not World (Terry Cole–Whittaker,
  Fawcett Crest)

옮긴이 _ 성백희

이화여자대학교 중어중문학과를 졸업했다. 대학 시절, 한자 사전을 뒤져가며 중국 소설도 읽었지만 항상 다른 나라의 언어에 대한 갈증이 있었다. 단순한 호기심으로 배운 일본어와의 인연이 어느새 생활의 중심이 되었다. 국내에 소개되지 않은 새로운 책을 펼칠 때의 기대감과 국내 최초의 독자라는 설렘이 좋아 번역의 길로 들어섰다. 앞으로도 훌륭한 저자의 좋은 글을 번역해 많은 독자와 소통하고 더 나은 '우리'를 꿈꾸고자 한다.

역서로 『좋은 기획서 나쁜 기획서』, 『숫자 세일즈』, 『생강의 힘』, 『하루 10분 일광욕 습관』 등이 있다.

나답게 살면서 행복해지기

개정판 1쇄 인쇄 | 2018년 8월 24일
개정판 1쇄 발행 | 2018년 8월 31일

지은이 | 다나다 가츠히코
옮긴이 | 성백희
펴낸이 | 강효림

편 집 | 곽도경
디자인 | 전영진(표지)·채지연(내지)
마케팅 | 김용우

용지 | 화인페이퍼
인쇄 | 한영문화사

펴낸곳 | 도서출판 전나무숲 檜林
출판등록| 1994년 7월 15일·제10-1008호
주소 | 03961 서울시 마포구 방울내로 75, 2층
전화 | 02-322-7128
팩스 | 02-325-0944
홈페이지| www.firforest.co.kr
이메일 | forest@firforest.co.kr

ISBN | 979-11-88544-16-5 (03190)